ESOTERISCHES
WISSEN

Maxwell Miller

Das Universal-Tarot

WILHELM HEYNE VERLAG
MÜNCHEN

HEYNE ESOTERISCHES WISSEN
Herausgegeben von Michael Görden
13/9759

Besuchen Sie uns im Internet:
http://www.heyne.de

Titel der Originalausgabe
THE UNIVERSAL TAROT
erschienen bei Findhorn Press, Schottland

Aus dem Englischen übertragen von Angelika Hansen

Umwelthinweis:
Dieses Buch wurde auf
chlor- und säurefreiem Papier gedruckt.

Copyright © 1995 by Maxwell Miller
Copyright © 1998 der deutschen Ausgabe
by Wilhelm Heyne Verlag GmbH & Co. KG, München
Lektorat: Renate Schilling
Umschlaggestaltung: Atelier Adolf Bachmann, Reischach
(unter Verwendung einiger Karten aus dem Universal-Tarot
von Maxwell Miller)
Technische Betreuung: Sibylle Hartl
Satz: ew print & medien service gmbh, Würzburg
Druck und Bindung: RMO, München
Printed in Germany 1998

ISBN 3-453-14103-2

INHALT

Einführung	7
Ursprung und Entwicklung des Tarot	9
Die Struktur des Universal-Tarot	13

DIE KLEINEN ARKANA

Die Stäbe	21
Die Kelche	47
Die Schwerter	75
Die Scheiben	103

DIE GROSSEN ARKANA

0	Der Narr	133
I	Der Magier	138
II	Die Hohepriesterin	141
III	Die Kaiserin	145
IV	Der Kaiser	148
V	Der Hohepriester	151
VI	Die Liebenden	155
VII	Der Wagen	159

VIII	Das Verlangen	162
IX	Der Eremit	165
X	Das Rad des Schicksals	168
XI	Das Karma	172
XII	Der Gehängte	175
XIII	Der Tod	178
XIV	Die Zeit	182
XV	Der Teufel	185
XVI	Der Turm	188
XVII	Der Stern	191
XVIII	Der Mond	194
XIX	Die Sonne	198
XX	Die Offenbarung	200
XXI	Das Universum	203

Auslegung und Deutung der Karten	207
Das Keltische Kreuz	209
Die Karten und ihre Entsprechungen	215
Danksagung	219
Anmerkungen	221
Register	222

Einführung

Der Zweck dieses Buches besteht darin, den Leser durch die labyrinthähnliche Welt des modernen Tarot zu führen. Die in diesen Seiten enthaltenen Informationen gelten für alle Arten von Tarotkarten, doch im besonderen sind sie der Schlüssel für das Universal-Tarot, ein zeitgenössisches Deck, dessen Ziel es ist, Menschen aller Gesellschaftsschichten, Berufe und Glaubensrichtungen anzusprechen, denn in ihm sind diverse unterschiedliche philosophische und mystische Vorstellungen zu einem harmonischen Ganzen integriert.

Tarot kann in einer meditativen Geisteshaltung verwendet oder für eine anregende intellektuelle Analyse genutzt werden. Das vorliegende Deck bietet eine fruchtbare Grundlage für das vergleichende Studium von Religionen und Glaubenssystemen. Die populärste Funktion des Tarot ist jedoch seit alters her die des Orakels. Zu diesem Zweck enthält das vorliegende Buch sowohl detaillierte, umfassende Erklärungen aller 72 Karten als auch einfachere Interpretationen für das Kartenlegen.

Die Geschichte des Tarot ist in vielen Publikationen ausführlich beschrieben worden; dieses Buch möchte solchen Ausführungen nichts hinzufügen, sondern nur zeigen, daß sich die Karten seit ihrem ersten Auftauchen stets in einem Prozeß des Wachstums und Wandels befunden haben. Dieser Prozeß findet auch heute noch statt.

Die Struktur des Tarotdecks und die in ihm enthaltene Weisheit sind von erstaunlicher Schönheit und Subtilität. Ich hoffe, daß dieses Werk ein Licht auf diese Schönheit wirft, damit diejenigen, die sich zum ersten Mal mit den Karten beschäftigen, ihre Wunder entdecken können, und damit jene, die sie schon länger kennen, sich von ihrer unendlichen Wandlungsfähigkeit inspirieren lassen. Denn die Karten vermitteln um so mehr Weisheit, je mehr man sich mit ihnen befaßt.

Ursprung und Entwicklung des Tarot

*I*n der Welt des Altertums gab es viele verschiedene mystische Pfade, spirituelle Disziplinen und esoterische Traditionen. Vier davon – Astrologie, Kabbala, Alchemie und Tarot – werden als Entsprechungen der vier archetypischen Elemente betrachtet. So repräsentiert die logische, lineare Wissenschaft der Astrologie die rationale Welt der Luftzeichen. Die Kabbala ist der Weg der Erde, wobei eines ihrer grundlegenden Prinzipien in der Bewegung zwischen Himmel und Erde besteht, die im Baum des Lebens dargestellt ist. Die Alchemie wird von dem schöpferischen Element des Feuers regiert und ist eine Kunst, die sich in erster Linie mit dem kreativen Prozeß beschäftigt. Bleibt also noch der Bereich des Wassers, die traumgleichen Bilder des Unterbewußten, und mit ihm das Tarot, ein Orakelsystem, das direkt unsere Intuition anspricht. Die Fluidität des Tarot als mystisches System zeigt sich in der Leichtigkeit, mit der es sich den ständigen Veränderungen seiner kulturellen Umgebung im Laufe der Jahrhunderte angepaßt hat, wobei es ohne Schwierigkeiten andere Systeme integrierte und absorbierte – wie zum Beispiel die Alchemie und Astrologie –, ohne seine eigene, einzigartige Identität zu verlieren.

Das Tarot ist ein lebendiges, zuverlässiges Orakelwerk. Seine Ursprünge sind unbekannt, ebenso seine Zukunft, da es ein System ist, das sich anpaßt, verändert und wächst, doch dabei immer eine perfekte philosophische Einheit bleibt, die alles beinhaltet und in sich vollkommen ist.

Gelehrte haben versucht, die Wurzeln des Tarot bis ins Italien des 15. Jahrhunderts, ins alte Ägypten und sogar noch weiter östlich, bis nach Indien, zurückzuverfolgen. Der Wert solcher Forschungen ist fraglich, doch können wir mit Sicherheit davon ausgehen, daß den Menschen beim Auftauchen des ersten Tarotdecks Begriffe wie »Unterbewußtsein«, »das Unbewußte«, »Anima«, »linke und rechte Gehirnhälfte« unbekannt waren. Aus diesem Grund mußten viele Informationen durch Bilder vermittelt werden. Abbildungen anstatt geschriebener Worte zu verwenden ist ein System, das vermutlich aus dem Orient stammt. In Westeuropa war die christliche Version davon der Kreuzweg, eine Serie von Darstellungen der wichtigsten Ereignisse im Leben Jesu Christi. Wenn der Schüler über diese Sequenz von Ereignissen meditierte, konnte der Meister seinen Geist erfüllen. Tarotkarten funktionieren auf ähnliche Weise; ihre spirituelle Energie dringt bis in unser tiefstes Inneres.

Da die Botschaft des Tarot in Bildern ausgedrückt wird, ist sie nicht dogmatisch. Der Erfolg des Tarot – als philosophisches System wie auch als Orakel – liegt in seiner Flexibilität und den unzähligen Interpretationsmöglichkeiten, dem schieren Reichtum an Ideen. Seine Bilder werden überall auf der Welt verstanden, unabhängig von Zeit und Kultur. Das

Universum, der Tod, die Liebenden, der Teufel, das Rad des Schicksals – alle wichtigen Themen sind hier vertreten. Das Tarot kann alle sozialen, kulturellen, religiösen und rassischen Barrieren überwinden.

Es besteht kein Zweifel, daß die modernen Spielkarten aus der gleichen Quelle kommen wie das Tarot, obwohl sie nur die vier Farben, die Hofkarten und den Joker (Narr) beibehalten haben.

Das älteste bekannte Tarotdeck, das als solches erkennbar ist und die 22 Trumpfkarten oder Großen Arkana enthält, wurde zur Zeit der Renaissance in Italien gemalt und ist heute als das *Visconti-Deck* bekannt. Es reflektiert zeitgenössische Vorstellungen und zeigt, wie auch andere, die darauf folgten, eine ausgeprägt christliche Bildersprache, doch unterbrochen von Darstellungen, die nicht so ohne weiteres mit der Kirche in Verbindung zu bringen sind und auf heidnische Wurzeln hindeuten. Die Kirche hat häufig heidnische Darstellungen in ihre Gebäude und Gemälde integriert, um auf diese Weise die einfache Bevölkerung zu beschwichtigen und zu verführen, der die alte Religion mehr zusagte. Daher ist es nicht überraschend, daß neben Darstellungen des Papstes und des Jüngsten Gerichts auch vorchristliche mythologische Figuren in den Karten zu finden sind.

In den dreihundert bis vierhundert Jahren seit dem Auftauchen der ersten Tarotdecks in Europa erlebte das Tarot abwechselnde Perioden von Popularität und Niedergang. Gewisse Persönlichkeiten, wie zum Beispiel *Court de Gebelin, Eliphas Levi* und *Papus,* haben der Diskussion über Ursprung und Bedeutung der Tarotkarten ihre eigenen Interpretationen und Argumente hinzugefügt. Doch im späten

19. und frühen 20. Jahrhundert gab es einen Quantensprung des Interesses für alle Bereiche von Magie, Mystik und Okkultismus. Viele neue Informationen wurden in das Deck aufgenommen, besonders aus der Astrologie und der Kabbala. Vor allem die magische Gesellschaft *The Order of the Golden Dawn* spielte eine wichtige Rolle bei der Zuordnung astrologischer Entsprechungen zu den Karten, selbst zu den Kleinen Arkana. Die Beziehung zum kabbalistischen »Baum des Lebens«, dessen zehn Sephirot und zweiundzwanzig Pfade die zehn Positionen der Kleinen Arkana und die zweiundzwanzig Trümpfe der Großen Arkana widerspiegeln, wurde definitiv bestätigt. Diese Sichtweise ist heute praktisch allgemein akzeptiert, auch wenn es gelegentlich Gegenargumente von »Puristen« gibt (wobei niemand mit Sicherheit sagen könnte, was die ursprüngliche, reine Form war).

Wir befinden uns heute, hundert Jahre später, in einer immer kleiner werdenden globalen Gesellschaft, die Zugang zu all ihren vielen verschiedenen Kulturen und Mythen hat. Daher muß sich auch das Tarot entsprechend erweitern und das Bild einer multi-theistischen, kulturübergreifenden Welt reflektieren. Das 20. Jahrhundert hat erlebt, wie der westlich orientierte Verstand sich östlichen Philosophien wie Buddhismus, Yoga und Sufismus öffnete und solch alte Religionen wie Schamanismus und keltisches Heidentum wiederentdeckte, während sich die etablierten esoterischen Wissenschaften wie Astrologie und Alchemie weiterentwickelten. Das Universal-Tarot bringt all diese Fäden zusammen und webt einen Teppich daraus, der die zentrale geistige Wahrheit aus den verschiedensten spirituellen Überlieferungen der ganzen Menschheit enthält.

Die Struktur des Universal-Tarot

Wie bereits erwähnt, liegen die Ursprünge des Tarot im Dunkeln. Das ist der Grund, warum es keine definitive Struktur oder »Originalform« für ein Tarotdeck gibt. Es gibt jedoch eine Tarot-Tradition. Das Universal-Tarot hält sich im großen und ganzen an die überlieferten Prinzipien, die für die meisten Decks durch die Jahrhunderte galten.

Die Karten sind in zwei Gruppen aufgeteilt, die Großen und die Kleinen Arkana.

Die **Großen Arkana** bestehen aus zweiundzwanzig Karten, die in der Regel als Trumpfkarten bezeichnet werden. Einundzwanzig von ihnen sind der Reihe nach von I bis XXI numeriert, während sich eine Trumpfkarte – der Narr – außerhalb dieser Sequenz befindet. Sie trägt die Zahl 0 und muß unabhängig von den anderen Trumpfkarten betrachtet werden. Diese Hauptkarten verkörpern all die geheimnisvollen, unsichtbaren Kräfte der Natur, die um uns herum am Werk sind, jene höheren Mächte, die unser aller Leben beeinflussen und über die wir wenig Kontrolle haben.

Alle zweiundzwanzig Trumpfkarten stehen in einem individuellen Bezug zu astrologischen oder alchemistischen Zeichen. Zwölf von ihnen entsprechen den zwölf Sternzeichen des Tierkreises, sieben andere den sieben heiligen Planeten. Die restlichen drei Hauptkarten korrespondieren mit drei der vier alchemistischen Elemente: Feuer, Wasser und Luft. Das vierte Element, Erde, fehlt nicht etwa – es wird von den Kleinen Arkana repräsentiert, die sich mit den alltäglichen Ereignissen unseres Lebens befassen, den materiellen Kräften unserer Existenz, jenen Elementen um uns herum, auf die wir unseren eigenen Einfluß geltend machen können.

Die **Kleinen Arkana** bestehen – wie bei den normalen Spielkarten – aus vier Gruppen: Stäben, Kelchen, Schwertern und Scheiben. Jede Gruppe regiert einen bestimmten Bereich des Lebens, der wie folgt beschrieben werden kann:

Stäbe: Aktion. Spirituelle Ambition. Kreative Kraft. Die Notwendigkeit, auf Herausforderungen zu reagieren oder Beschränkungen zu überwinden. Das Messen des Selbstbewußtseins an Taten. Die äußere Persönlichkeit. Feuer.

Kelche: Empfänglichkeit. Der emotionale Bereich. Intuition. Okkulte Kräfte. Erinnerung. Träume. Das Unbewußte. Übersinnliche Fähigkeiten. Wasser.

Schwerter: Der rationale Verstand. Analyse. Logik. Lineares Denken. Der Intellekt. Vernunft. Geistige Gesundheit. Luft.

Scheiben: Materialismus. Die alltägliche Welt. Beruf. Arbeit. Das häusliche Umfeld. Geld. Physische Gesundheit. Erde.

Die Ähnlichkeit mit den gewöhnlichen Spielkarten geht noch weiter: Jede Gruppe ist vom As bis zur Zehn durchnumeriert, gefolgt von einer Serie von sogenannten **Hofkarten.**

Unter den Gelehrten des Tarot hat es immer wieder Debatten über die richtige Bezeichnung und Numerierung der Hofkarten sowie über ihre Bedeutung gegeben. Es besteht eine generelle Übereinstimmung, daß ein Deck sechzehn Hofkarten haben sollte, vier für jede Farbe. Sie sind unter den Bezeichnungen König, Königin, Ritter und Bube oder als Ritter, Königin, Prinz und Prinzessin bekannt, manchmal auch in noch anderen Abwandlungen. Diese Namenvielfalt ist irritierend, und die Verwirrung wird noch größer, wenn sie mit den Sternzeichen gleichgesetzt werden, von denen es schließlich nur zwölf gibt. Die Verbindung einer Hofkarte mit einem Sternzeichen ist oft schwierig, was in der Regel dazu führt, daß der Bube (oder die Prinzessin) einfach ausgelassen wird.

Das Universal-Tarot löst dieses Problem, indem es jeder Reihe nur drei Hofkarten zuteilt: König, Königin und Bube. Diese Anordnung reflektiert die bis heute gültige Tradition bei den Spielkarten (König, Dame, Bube) und ermöglicht darüber hinaus, daß jede Hofkarte unmißverständlich einem bestimmten Sternzeichen zugeordnet werden kann. Zum Beispiel entsprechen die drei Hofkarten der Stäbe (Feuer) den astrologischen Feuerzeichen. Der König der Stäbe repräsentiert den Schützen, die Königin den Widder und der Bube den Löwen.

Dies mag wie eine radikale Veränderung erscheinen. Manche Studenten des Tarot empfinden vielleicht die Reduzierung der Kleinen Arkana von 56 auf 52 Karten als unakzeptablen Bruch mit der Tradition. Doch wir sollten nicht vergessen, daß die Anzahl der Karten niemals unverrückbar war; einige frühe Tarotdecks beispielsweise hatten 62 Karten, das *Florentinische Tarot* hingegen 97.

Natürlich ist die Stimmigkeit der Zahlen wichtig für die Struktur des Tarotdecks, und die Numerologie spielt dabei eine wichtige Rolle. Doch kann die Flexibilität von Zahlen manchmal eher verwirrend als erhellend wirken. Zahlen können durch endlose Gleichungen manipuliert werden, bis ihre Anwendung jeden Sinn verliert. Deshalb benutzt das Universal-Tarot ein einfaches, aber ausgewogenes numerologisches System. Die Schlüssel zu diesem System sind die Zahlen Drei und Sieben.

Die Zahl Drei steht für das grundlegendste Gesetz des Lebens: dafür, daß es zwei einander entgegengesetzte Kräfte gibt und die Synthese dieser beiden eine dritte Kraft bildet, mit der Fortschritt und Evolution beginnen. Dieses Gesetz der Dreiheit findet sich weltweit in den Schöpfungsmythen vieler Religionen, zum Beispiel im Christentum als die Dreifaltigkeit von Vater, Sohn und Heiligem Geist oder in den indischen Sanskrittexten als die drei *Gunas,* die die Welt erschaffen, erhalten und zerstören, wie auch in Form der drei Götter *Brahma, Vishnu* und *Shiva.*

Die Zahl Sieben war seit jeher die geheimnisvollste aller Zahlen. Der Mystiker Gurdjieff begründete das Gesetz der Sieben, das alle Ebenen des Universums durchdringt. Jeder Fortschritt, jede Bewegung und Evolution zwischen den verschiedenen Ebenen geschieht demnach in Zyklen von jeweils sieben Stufen. Dieses Gesetz findet seinen Ausdruck in der siebenfachen Natur des Spektrums, den sieben Noten der Oktave, den sieben Chakren, den sieben Wochentagen (die nach den sieben heiligen Planeten benannt sind) und so weiter.

Wenn man den Narren separat von den anderen Trumpfkarten betrachtet, ergibt sich eine Sequenz von 21 Karten bei den Großen Arkana. Die Zahl 21 läßt sich numerologisch auf 3 reduzieren (2 + 1 = 3) und ist außerdem das Ergebnis der Multiplikation von 7 und 3. Es gibt in diesem Deck insgesamt 12 Hofkarten, was sich ebenfalls auf 3 reduzieren läßt, und jede Reihe hat 3 Hofkarten. Die Kleinen Arkana bestehen aus 52 Karten, was sich auf 7 (5 + 2 = 7) reduziert. Die Summe aller Karten ist 73.

Der Narr ist eine zusätzliche Karte und stellt das wilde Element dar, das wie ein Sturmwind durch das Deck fegt. Sie kann dem Schicksal gleichgesetzt werden, das mit den Erscheinungen der Welt spielt.

Dies ist also der numerologische Schlüssel des Universal-Tarot. Die astrologischen Zuordnungen der Karten sind die gleichen, wie sie vom *Order of the Golden Dawn* vor mehr als hundert Jahren festgelegt wurden.

Das vorliegende Werk hat nicht die Absicht, tiefgreifend so komplexe Themen wie Astrologie und Numerologie zu erforschen; es würde viele hundert Seiten Text brauchen, wollte man auch nur oberflächlich diese alten Wissenschaften darlegen. Das Universal-Tarot enthält diese Philosophien wie auch verschiedene andere – wie die Kabbala und die Alchemie –, um viele Tore zu schaffen, durch die der Wißbegierige in die Welt des Tarot eintreten kann. Der Schamane wie auch der Buddhist haben gleichermaßen Zugang zu dem ganzheitlichen Mikrokosmos, den das Tarot darstellt. Nachdem sie erst einmal diese Welt betreten haben, werden sie die gemeinsame Wahrheit erkennen, die allen spirituellen Pfaden innewohnt.

Eine weitere Veränderung, die das Universal-Tarot von anderen Decks unterscheidet, ist die Zuordnung neuer Namen zu vier Hauptkarten. Dies stellt keine sonderlich radikale Abkehr dar, denn die Namen der Karten sind immer wieder einmal geändert worden – sei es aus übersetzungstechnischen Gründen oder um eine Nuance in der genauen Bedeutung der Karte zu betonen, die übersehen worden war.

Die geänderten Karten sind: VIII Das Verlangen (normalerweise als Kraft bekannt), XIV Das Karma (Gerechtigkeit), XIV, Die Zeit (Mäßigkeit) und XX Die Offenbarung (Das Jüngste Gericht). Die Gründe für diese Namensänderungen sind in der detaillierten Beschreibung der Trumpfkarten aufgeführt.

Es ist vielleicht ungewöhnlich, einen so offensichtlich fremden Begriff wie »Karma« zu benutzen, doch ist Karma heute ein gebräuchliches Wort, das die wahre Bedeutung der Karte am besten wiedergibt und für das es kein zufriedenstellendes deutsches Äquivalent gibt.

Dies also ist die grundlegende Struktur des Universal-Tarot. Sein Zweck besteht darin, traditionelle Vorstellungen mit neuen Ideen, die aus einer globalen Perspektive gewonnen wurden, in Einklang zu bringen. Die folgenden Kapitel beschäftigen sich eingehend mit der besonderen Bedeutung und Symbolik jeder einzelnen Karte.

DIE KLEINEN ARKANA

DIE STÄBE

As der Stäbe

Asse stehen für große Kraft, jedoch in ihrer latenten Form – sie weisen auf den Samen oder die Wurzel ungeheurer Möglichkeiten und starker Kräfte hin, die darauf warten, sich auszudrücken.

Die Stäbe repräsentieren die spirituellen Ziele des Menschen, seine schöpferische Energie, seine Hoffnungen und seine Wünsche. Sie sind ein Symbol für Ambition, Enthusiasmus und Initiative, die sich auf die höheren Aspekte des Lebens richten.

Die natürliche Tendenz der menschlichen Seele ist es, sich weiterzuentwickeln, bewußter zu werden, zu wachsen und die Ganzheit des Selbst zu erkennen. All dies wird durch das As der Stäbe symbolisiert. Die Betonung liegt dabei auf natürlicher Kraft im Gegensatz zu willkürlich hervorgerufener. Das bedeutet, daß die Kraft natürlich fließt, wenn man sich im Einklang mit seinem inneren Selbst und der Umgebung befindet und nicht blindlings versucht, die eigenen Wünsche in die Realität zu zwingen.

Das Bild des Stabes zeigt eine Gestalt, die im Begriff steht, sich zu befreien, die ihre Flügel entdeckt und bereit ist, zu den Höhen ihres Seins emporzusteigen. Ihr Nabel trägt das blutrote Dreieck des Manipura-Chakras, Sitz des Willens, doch ist die Beziehung zum Willen sehr subtiler Natur. Es ist Wille in Harmonie mit der natürlichen Kraft. Das Symbol des Dreiecks wiederholt sich in der Form, die Kopf und Arme bilden, während die Gestalt sich darauf vorbereitet, ihre Begrenzungen zu transzendieren und zu fliegen.

Das Bild entspricht einem abgewandelten Schlangenstab (Caduceus) schöpferischen Feuers. Die Schlangenkraft der Kundalini fließt durch die niederen Chakren, und der Betreffende steht kurz davor, den Abgrund zu überspringen, hin zu den höheren Chakren und zur Vollendung.

Das Schlüsselwort dieser Karte ist **kreatives Potential.**

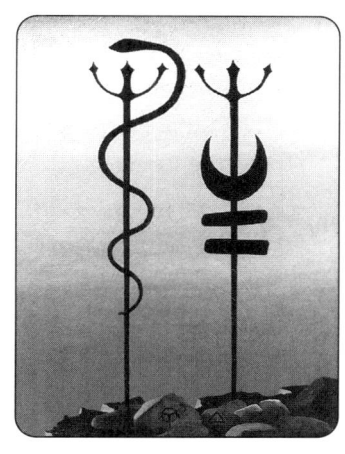

Zwei der Stäbe

Die Zahl Zwei weist in der Regel darauf hin, daß sich ein Kraftstrom in Bewegung setzt. Der Kraftstrom in der Reihe der Stäbe ist der schöpferische Aspekt des reinen Willens.

Dies ist eine Zeit, um Strukturen zu schaffen, Grenzen zu ziehen, das Territorium zu definieren, Ansprüche zu erheben. Es herrschen Stabilität und klares Zielbewußtsein. Die feurige Energie der Stäbe wird durch die harmonische Kombination der kompatiblen Mars- und Widder-Energien im Gleichgewicht gehalten. Dadurch wird verhindert, daß die gezogenen Grenzen zu »Fronten« werden.

Die zwei Stäbe ähneln Stammeszeichen und eignen sich besonders gut für die territoriale Abgrenzung. Sie entsprechen dem Dreizack von Shiva, dem Absoluten. Die Zacken repräsentieren nicht nur die drei Kräfte der Manifestation, nämlich Schöpfung, Erhaltung und Auflösung, sondern auch die drei in der Kundalini zusammengerollten Kräfte von *Ida,*

Pingala und *Susumna*. Aus diesem Grund trägt einer der Stäbe eine Schlange. Wenn die Schlangenkraft der Kundalini erwacht, fließt sie durch die niederen Chakren bis ins Zentrum des Willens. Dies weist noch einmal deutlich auf die Wichtigkeit des Willens hin.

Die erwachende Kraft wird symbolisiert durch das Dämmern eines neuen Tages und durch das Erwachen des Frühlings im Widder, dem ersten Zeichen des Tierkreises. Die Mondsichel, von zwei horizontalen Linien gestützt, ist ein Symbol Shivas. Auf den Steinen sieht man die astrologischen Zeichen von Mars und Widder sowie das Dreieck, Symbol des Willens.

Dies ist eine günstige Zeit, um Ideen umzusetzen und Pläne auszuführen, die eine Menge persönlicher Kraft und Energie erfordern. Selbstsicherheit ist notwendig.

Das Schlüsselwort dieser Karte ist **Herrschaft.**

Drei der Stäbe

Die Stäbe haben hier die Form von Pfeilen. Drei zusammengebundene Pfeile sind ein uraltes, vorchristliches Symbol der Einheit.

Einheit ist ein zentrales Thema dieser Karte, bei der separate oder ungleiche Kräfte zusammenkommen, um auf ein gemeinsames Ziel hinzuarbeiten und den Erfolg zu ermöglichen. In dieser Situation sollte übermäßige Individualität vorsichtig gezügelt werden, denn Egozentrik würde das Gleichgewicht zerstören. Erstrebenswert ist eine natürliche Tendenz unterschiedlicher Energien, harmonisch zusammenzuwirken, nicht eine künstliche oder erzwungene Verbindung aus reiner Zweckmäßigkeit.

Der mittlere Stab trägt einen Widderschädel, der sich deutlich vor der goldenen Scheibe der Sonne abhebt. Die Sonne im Widder leitet den Frühling ein und damit eine blühende, fruchtbare, nach außen gerichtete Energie. Die

Pfeile zeigen himmelwärts und bedeuten Streben und Wachstum zum Licht.

Alles in allem ist diese Karte ein gutes Omen für Zusammenarbeit und Hilfe von außen. Sie vermittelt eine Atmosphäre von Enthusiasmus und Begeisterung, weil durch das Zusammenwirken mit anderen Dinge in Bewegung gesetzt werden.

Das Schlüsselwort dieser Karte ist **Zusammenarbeit.**

Vier der Stäbe

Die hier dargestellten ägyptischen Stäbe repräsentieren die vier Elemente im Gleichgewicht. Sie sind nicht statisch, sondern in einer ausgeglichenen Bewegung, was darauf hindeutet, daß – obwohl die Stäbe energetisch eine gewisse Ruhe aufweisen – viel Aktivität zu erwarten ist. Doch die bestimmende Kraft ist Gleichgewicht.

Das Feuerelement wird durch das rote Sistrum dargestellt, dessen schüttelnde Bewegung ein Feind jeglicher Trägheit ist. Der Hirtenstab ist das Symbol von Osiris, dem Gott des Wassers. Das Element der Erde wird durch das *Ankh*, das ägyptische Henkelkreuz, symbolisiert, und der oberste Stab ist der gelbe Caduceus der Luft.

In dem hier dargestellten Mikrokosmos der vier im Gleichgewicht befindlichen Elemente ist der gelbe Stab den anderen drei überlegen, da er selbst wiederum alle Elemente in sich vereint. Die Flügel repräsentieren Luft, die Scheibe zwischen den Flügeln die Erde, die Schlangen das phallische Symbol des Feuers und ihre wellenförmigen Bewegungen das Wasser.

Das Gleichgewicht dieser Karte kommt auch in der astrologischen Kombination von Venus (Wasser) in Widder (Feuer) zum Ausdruck, wie es die blumenähnlichen Hieroglyphen im Vordergrund zeigen. Dies sagt uns, daß das Wachstum begonnen hat, daß mehr als nur ein Samen vorhanden ist, vielmehr ein echtes Aufblühen von Potential, wenn es auch noch nicht seine Vollendung erreicht hat.

Vier ist die Zahl des Aufbaus, daher die vierseitige Pyramide im Hintergrund. Alles auf dieser Karte weist darauf hin, daß eine solide Basis geschaffen wurde, auf der man aufbauen kann. Man bekommt ein Gefühl, als sei »die erste Phase abgeschlossen«, und vielleicht gibt es bald eine Ruhepause nach der Arbeit, das Feiern eines ersten Erfolges in dem Wissen, daß die wirkliche Erfüllung noch bevorsteht.

Das Schlüsselwort dieser Karte ist **Fundament.**

Fünf der Stäbe

Die Fünf kündigt immer Probleme oder Hindernisse an, die überwunden werden müssen. Die fünfte Sephira am Baum des Lebens dient als Instrument der Zerstörung, um den Weg freizumachen für zukünftige Kreativität. Bei der Fünf der Stäbe geht es um Konflikt und Aufruhr. Man befindet sich in Schwierigkeiten und muß bereit sein, in dieser Situation – wenn nötig – zu kämpfen.

Es ist interessant, die Stimmung dieser Karte mit zwei auf den ersten Blick ähnlichen Karten zu vergleichen. Die Sieben der Stäbe beinhaltet dasselbe Element des Kampfes; dort geht es um eine schwierige Prüfung, doch ist sie weniger gefährlich. Die Fünf der Schwerter stellt die absolute Essenz von Kampf dar und weist darauf hin, wie man seine Kräfte sammeln muß, um Widerstand begegnen zu können.

Die astrologische Entsprechung hier ist Saturn im Löwen. Das Banner mit dem Zeichen für Saturn weht über dem umkämpften Löwen. Zwischen diesen beiden besteht ein natürlicher energetischer Gegensatz. Der Löwe fühlt sich bedrückt, während er versucht, aus den statischen Strukturen auszubrechen, die Saturn ihm entgegengesetzt hat. Die Stäbe sind Lanzen, Symbole der Zerstörung, doch gibt es am Horizont einen Lichtstreifen, und bei genauerem Hinsehen erkennt man, daß der Löwe wunderbarerweise unverletzt ist, unbesiegt und unverzagt.

Seien Sie mutig und entschlossen in der Hitze des Gefechts!

Das Schlüsselwort dieser Karte ist **Konflikt.**

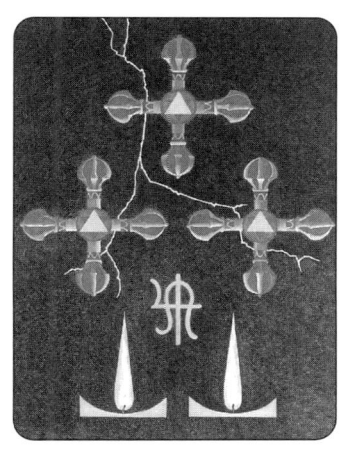

Sechs der Stäbe

Die Sechs ist eine der harmonischsten Zahlen. Sie ist außerdem die Zahl vollbrachter Leistung. In der Reihe der feurigen Stäbe weist die Sechs auf Sieg oder Erfolg hin, doch erst nach vielen Konflikten und Mühen. Sie ist ein vielversprechendes Omen, ein Bote guter Neuigkeiten, der eine Zeit der Freude und Hoffnung ankündigt.

Die Stäbe, arrangiert in drei Zweiergruppen, sind gekreuzte *Dorjes,* Symbole von Gleichgewicht, Unveränderlichkeit und unumschränkter Macht. Daher verkündet die grundlegende Botschaft dieser Karte eine enorme, jedoch harmonische Kraft. Dies ist gleichzeitig eine zutreffende Beschreibung für die astrologische Entsprechung von Jupiter im Löwen. Jupiter nimmt diese feurige Kraft und verwandelt sie in liebevolle Beziehungen, verbunden mit Erfolg.

Dorjes sind die Szepter der tibetischen Lamas. Sie werden in vielen Ritualen benutzt und symbolisieren die Herrschaft über das Leben in der materiellen Welt. Sie werden auch als »Indras Donnerkeile« bezeichnet, wobei Indra das indische Äquivalent zu Jupiter ist.

Hier sind Blitz und Donner bereits ausgesandt, und jetzt brennt das Feuer ruhig in Form von zwei Flammen, den Zwillingslampen von Jupiter im Löwen, die ihren warmen Schein über die ganze Situation ausstrahlen und eine Stabilisierung der Energie bewirken.

Das Schlüsselwort dieser Karte ist **Erfolg.**

Sieben der Stäbe

Die Stäbe sind in einem Kreis angeordnet und befinden sich auf einem nächtlichen Friedhof, einem Ort der Dunkelheit und Angst. Die berühmten *Kapalikas* (Zauberinnen) der tantrischen Kulturen gingen in der Nacht des Neumonds, der dunkelsten Nacht des Monats, auf die Friedhöfe und führten dort ihre spirituellen Praktiken durch, um ihre Ängste zu überwinden und geistige Stärke zu erringen. Sie trugen *Lathis* (Stäbe) bei sich, die wir vertikal in den Grund gespießt sehen. Sie repräsentieren moralische Rechtschaffenheit.

Traditionell ist die Sieben eine der instabilsten Zahlen am Baum des Lebens. Die kreative Energie der Stäbe fühlt sich bedroht. Doch vielleicht ist die Angst größer als nötig, und alles, was es braucht, ist geistige Stärke, um die anstehende Aufgabe zu erledigen. Obwohl ein Gefühl von Verzweiflung und beinahe völliger Hoffnungslosigkeit empfunden wird, weist alles darauf hin, daß sämtliche Hindernisse (und Ängste) überwunden werden können. Konzentration und eine unerschütterliche Ausrichtung auf das angestrebte Ziel sind jetzt wichtig.

Außerdem sehen wir die Symbole von Mars im Löwen, die darauf hindeuten, daß alle Aspekte der feurigen Energie aufgebracht werden müssen, um die nahende Krise zu bewältigen.

Das Schlüsselwort dieser Karte ist **Mut.**

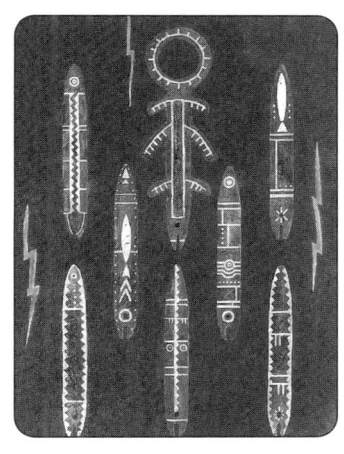

Acht der Stäbe

Die Stäbe hier gleichen Schwirrhölzern, uralten tönenden Instrumenten, die jahrhundertelang von primitiven Kulturen weltweit benutzt wurden. Das Schwirrholz wurde an einer Schnur befestigt und durch die Luft gewirbelt, was ihm kreischende Geräusche und summende Töne entlockte. Man glaubte, daß es in der Lage sei, Botschaften an die Götter zu übermitteln und zu ihnen zu sprechen. Obwohl diese Instrumente in erster Linie mit Afrika und Australien in Verbindung gebracht werden, wurden sie bis vor noch nicht allzu langer Zeit auch in Europa von Hirten benutzt, die damit ihre Herden vor Blitzschlag zu schützen hofften.

Botschaften, die in Blitzesschnelle durch die Luft eilen, so wie Gedanken oder telepathische Übertragungen, machen das Wesen dieser Karte aus. Sie zeigt kurze Ausbrüche starker Energien, wie elektrische Entladungen, im Bereich der Aktivitäten. Dies ist eine Zeit, in der man einen Sprung nach vorne machen und Transaktionen abschließen kann. Generell herrscht ein Gefühl von positiver Entwicklung und von Fortschritt.

Der oberste Stab entspricht den Zeichen von Merkur im Schützen. Diese Kombination weist auf das Freisetzen kreativer Energie hin, insbesondere nach einer Zeit großer Widerstände. Verzögerungen gehören der Vergangenheit an. Diese Energie wird jedoch wahrscheinlich schnell verbraucht sein. Wie ein Blitz wird sie ihren Zauber wirken lassen und wieder verschwinden.

Es kann sein, daß Sie Briefe und Nachrichten erhalten oder weitergeben. Dies ist eine gute Zeit für Reisen, insbesondere Flugreisen. Um Sie herum ist viel Bewegung; nehmen Sie sie wahr und nutzen Sie die Gelegenheit.

Das Schlüsselwort dieser Karte ist **Kommunikation.**

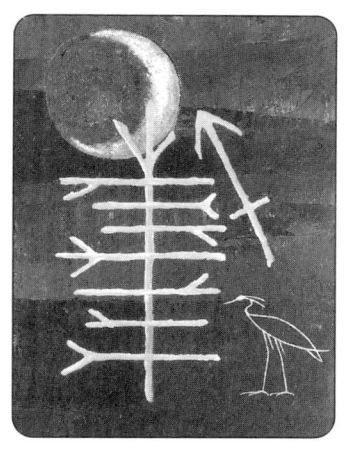

Neun der Stäbe

Die Neun der Stäbe zeigt Erholung nach einer Krankheit, eine Erneuerung der Lebenskraft und allgemein den Bereich des Heilens. Da Heilung in vielen Kulturen zu den wichtigsten Funktionen des Schamanen gehört, ist die Bildersprache hier schamanischer Natur. Acht Stäbe formen den Stamm und die Äste des »Weltenbaums« der Schamanen. Sie verkörpern lebendige Kraft, nicht einfach nur tote Stöcke. Der neunte Stab ist ein Pfeil, der den Flug in eine andere Welt repräsentiert, in der die Seelen aus Krankheit und Tod errettet werden.

Astrologisch ist diese Karte die Verkörperung von Mond im Schützen. In diesem Fall symbolisiert der Mond die »Anderswelt« – das Unterbewußtsein oder den astralen Bereich –, in die der Schamane reisen muß. Die Kräfte des Mondes sind verstärkt im Schützen, der durch den pfeilähnlichen Stab symbolisiert ist. Der Geist des Schamanen fliegt wie ein Pfeil in die andere Welt und kehrt mit neuer Weisheit und Heilkraft zurück. Seine Reise mag ihn in die höchsten Höhen oder in die Tiefen der Unterwelt führen. Diese doppelte Funktion wird durch seinen Geistführer in Tiergestalt dargestellt, einen Wasservogel, der auf eine Affinität mit der Tiefe hindeutet, doch gleichzeitig die Kraft des Fliegens repräsentiert.

Neun, die höchste Einzelzahl, symbolisiert eine Akkumulation und einen Höhepunkt an Kraft, in diesem Fall an Lebenskraft oder *Prana*.

Alles deutet darauf hin, daß positive Resultate ins Haus stehen und die Gesundheit im Moment gut ist. Vielleicht verspürt man vage Angstgefühle, hervorgerufen durch die Einsichten, die man in schmerzhafter Selbstprüfung gewonnen hat. Der Hauptaspekt ist jedoch Heilung.

Das Schlüsselwort dieser Karte ist **Vitalität.**

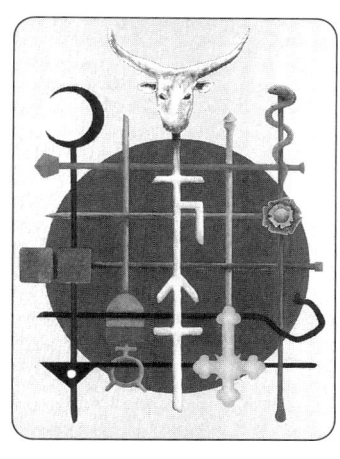

Zehn der Stäbe

Neun der zehn Stäbe sind miteinander verbunden und bilden eine gitterähnliche Struktur, die einen großen roten Kreis bedeckt. Der separate, größere Stab im Vordergrund trägt den Kopf eines Stiers. Dieses Bild enthält den Symbolismus zwei unterschiedlicher, doch sich ergänzender Ideen, die für diese Karte bezeichnend sind.

Der stierköpfige Stab wird von den Priestern des Zoroaster (Zarathustra) getragen, als Symbol für den Krieg, den sie gegen die Kräfte der Trägheit und des Bösen führen. Ihre Gottheit, Mithras, trug einen solchen Stab und schüttelte ihn jeden Tag dreimal über der Hölle, um die Dämonen der Roheit im Zaum zu halten. Die anderen neun Stäbe verkörpern somit Verrohung. Alle zehn stehen in ihrer Form und Farbe in Beziehung zu den zehn Sephirot des kabbalistischen Lebensbaumes. Der Baum repräsentiert die Bewegung vom Himmel zur Erde, einen Prozeß der Vergröberung vom Ätherischen zum Materiellen. So entspricht der stierköpfige Stab des Mithras der makellosen Sephira von Kether, die sich im ständigen Kampf gegen die abwärts gerichtete Tendenz befindet.

Auch die zweite Idee, die in diesem Bild ausgedrückt wird, steht in Beziehung zu den alten stieranbetenden Kulturen. In Kleinasien gab es rituelle Initiationen für Priester, bei denen der Einzuweihende in einer tiefen Grube stehen mußte. Über ihm brachte man ein Gebilde von Stangen an, das wie ein Gitter geformt war und auf dem ein Stier geopfert wurde. Man glaubte, daß der Initiand durch das Blut des Stiers, das auf ihn hinuntertropfte, geläutert und gereinigt wurde.

All dies deutet auf einen Niedergang oder einen negativen Einfluß hin, dem man entgegentreten muß, um den Zustand der Reinheit wiederherzustellen. Bei den Stäben heißt dies, daß einst kreative Ideen zu rigiden Strukturen geworden sind, denen es an Flexibilität und dem phantasievollen Funken der Inspiration fehlt. Langeweile und Trägheit im Denken haben sich eingestellt. Das ist auf Saturn im Schützen zurückzuführen. Von dieser astrologischen Kombination wird diese Karte regiert, und ihre Symbole formen den Hauptteil des Mithras-Stabes.

Es wird einiges an Mut brauchen, um die vertrauten Strukturen zu verlassen und die wahren Kräfte der Imagination wieder freizusetzen.

Das Schlüsselwort dieser Karte ist **Korruption.**

König der Stäbe

Könige sind Figuren in Bewegung, hoch zu Pferde, Verkörperungen von Kräften, die schnell, zupackend und unter Umständen gewalttätig sind, doch deren Wirkung sich bald erschöpft.

Der König der Stäbe, dessen Rüstung aus purer männlicher Sonnenenergie ihn doppelt männlich macht, deutet auf ein gewisses Ungleichgewicht hin. Obwohl er offensichtlich Schnelligkeit und Tapferkeit besitzt, hat er auch negative Charaktereigenschaften. Impulsiv und stolz bis arrogant, kann er übermäßig subjektiv und sehr patriarchalisch sein.

Seine flüchtige, wechselhafte Seite zeigt sich im Banner des Schützen, dem astrologischen Zeichen, das durch diese Hofkarte symbolisiert wird. Sein Stab ist eine Lanze, mit der er eine Schlange angreift, was seinen Mut beweist. Doch ist die Schlange seit jeher das Symbol der Veränderung, was darauf hindeutet, daß der König zwar tapfer, aber auch unflexibel ist und sich Veränderungen widersetzt.

Dieser König des Willens und des Feuers trägt den Helm des Sonnengottes Apollo. Sein Pferd ist das Einhorn der indischen Mythologie, dessen Horn – wie der Stab – das Phalluszeichen purer Männlichkeit ist.

Der König der Stäbe ist immer bereit, eine Welle der Kraft in Bewegung zu setzen, wobei er sich oft keine Gedanken über das Ergebnis macht (ohne Reflexion – ohne Wasser).

Das Schlüsselwort dieser Karte ist **Impuls.**

Königin der Stäbe

Die Königin der Stäbe vereinigt die Energie des Wassers (Königin) und des Feuers (Stäbe). In dieser Karte ist eine klare Trennung zwischen den untergründigen Strömungen des Wasser-Bewußtseins und der Kraft der Sonne über dem Boden sichtbar. Die Königin bringt diese beiden Kräfte mit Leichtigkeit ins Gleichgewicht. Sie ist voller Ruhe und strahlt gleichzeitig Autorität aus. Das Wasserelement macht sie wesentlich fließender und anpassungsfähiger als ihr Gegenüber, den König der Stäbe, der doppeltes Feuer verkörpert.

Während Stäbe normalerweise männliche, phallische Symbole sind, repräsentiert ihr Stab – ein gegabelter Haselnußzweig, der die Wünschelrute des Rutengängers symbolisiert – auch den weiblichen Aspekt. Der Tradition zufolge soll die Haselrute am frühen Morgen nach einem Neumond geschnitten werden, bei Sonnenaufgang gen Osten gewandt, während die Strahlen der Sonne durch die Gabel des Zweiges sichtbar sind.

Die Königin der Stäbe ist bei Sonnenaufgang auf der Höhe ihrer Kraft. Sie hat die Initiative, neue Projekte anzugehen, die Ausdauer, sie zu Ende zu bringen, und die Umsicht und Ausgeglichenheit, ihre Pläne ihren Bedürfnissen anzupassen.

Sie ist gekrönt mit den Hörnern des Widders, dem Sternzeichen, das diese Karte regiert. Um ihren Hals trägt sie einen roten, dreieckigen Anhänger, Symbol ihrer Willenskraft.

Das Schlüsselwort dieser Karte ist **Standhaftigkeit.**

Bube der Stäbe

Der Bube (Symbol der Luft) in der Reihe der Stäbe (Feuer) ist von beweglichem und unbeständigem Charakter. Seine Feuerkraft ist durch Konflikte mit seinen luftigeren Aspekten geschwächt, was zu einer turbulenten Mischung aus Begeisterungsfähigkeit und Unentschlossenheit führt.

Am unteren Rand des Bildes befindet sich das rote Dreieck des Feuers, das die Flügel der Luft trägt. Im Zentrum des Dreiecks ist das Zeichen des Löwen, der diese Karte regiert. Die Natur des Löwen ist stark, aktiv, kriegerisch, tapfer und ausdauernd, doch ist es ihr ein Bedürfnis, siegreich zu sein und hohe Selbstachtung und Ansehen zu gewinnen.

Buben kündigen Beginn oder Ende eines Ereignisses oder einer Entwicklung an. Sie deuten oft auf eine Veränderung des Wohnortes oder Auslandsreisen hin, vor allem in Verbindung mit kreativen Plänen. Ihre Energie ist wie eine heranbrausende Kraft.

Die Bezeichnung Bube ist verbunden mit der Vorstellung von »naiv«. Der Naive (oder Narr) in den Großen Arkana stürzt kopfüber in einen Abgrund. Der Bube der Stäbe ist nicht ganz so in Eile, doch rennt auch er seinem Schicksal entgegen, wenn es ihn ruft. Er hat all die Unschuld und Naivität, die man bei einem Narren erwarten würde.

Nach ägyptischer Anschauung galt der Salamander als Beschützer von Menschen und Besitz, vor allem von Gräbern. Der Salamander hindert Eindringlinge nicht daran, hereinzukommen, sondern tötet sie erst nach dem Eindringen. Dies entspricht der impulsiven Seite des Buben der Stäbe, der den erregenden Reiz des Kampfes liebt. Doch gibt es keinen Zweifel an seiner Loyalität.

Er trägt einen Stab und ein Schild. Sein feuriger Stab zeigt zwei ineinander verschlungene Schlangen, die seinen extrem männlichen Charakter symbolisieren, da sowohl Feuer als auch Luft männliche Elemente sind. Sein Schild zeigt, daß er ein Kreuzzügler ist. Man kann ihn ohne weiteres als den Parzival des Gralsmythos identifizieren. Die Symbolik des Löwen ist dreifach: erstens astrologisch, zweitens als der von Parzival im Kampf gegen die Schlange beschützte Löwe (oder das Christentum im Kampf mit der alten Religion) und drittens als der Löwe, mit dem Parzival selbst rang – was seinen Kampf gegen Lüsternheit und Geilheit symbolisiert.

Der Bube der Stäbe hat einen sehr ausgeprägten Sinn für Rechtschaffenheit und moralische Gerechtigkeit. Er verkörpert eine Kraft, die stolz und leidenschaftlich ist und daher subtil und mit Vorsicht eingesetzt werden sollte.

Das Schlüsselwort dieser Karte ist **Überschwang.**

DIE KELCHE

As der Kelche

Die Reihe der Kelche bildet einen Ausgleich zu den Stäben. Während Stäbe ausdrucksvoll, extrovertiert, aktiv, feurig und strahlend sind, repräsentieren die Kelche das, was unter der Oberfläche ist, das Unsichtbare, den Bereich der Emotionen, die Tiefen eines Menschen. Kelche sind Symbole von Liebe und Schönheit, Vergnügen, Freude und Heilkraft. Hier befinden wir uns in der nicht-rationalen, nicht-linearen Welt der Phantasie. Wenn Kelche sich mit Stäben verbinden, kommen die Quelle der Imagination und die ausdrucksvolle Kraft des schöpferischen Aktes zusammen.

Der Kelch als Symbol ist tief in der menschlichen Psyche verankert. Sein kreisförmiger Rand symbolisiert den Kreislauf von der Geburt bis zum Tod. Der Kelch findet sich in Höhlenzeichnungen, in den Nektarschalen der griechischen Götter, dem keltischen »Kessel der Wiedergeburt«, im Kelch der Alchemie und vielen anderen Bildern. Doch die eindrucksvollste Legende rund um den Kelch ist die Geschichte vom Heiligen Gral, die heute untrennbar mit ihm verbunden ist. Daher soll hier eine kurze Zusammenfassung dieses Mythos folgen, zumindest jener Teile, die für unseren Zweck am wichtigsten sind.

    Joseph von Arimathäa, einem reichen Juden, wurde Jesu Körper zum Begräbnis übergeben. Man hat seit jeher angenommen, daß er auch den Kelch erhielt, den Jesus beim Letzten Abendmahl benutzt hatte. Während er den Körper für das Grab vorbereitete und wusch, floß Blut aus den Wunden, und Joseph nahm das Gefäß, um das Blut darin aufzufangen. Nach dem Verschwinden des Körpers wurde er beschuldigt, diesen gestohlen zu haben, woraufhin man ihn ins Gefängnis warf. Jesus erschien ihm in einem Meer aus Licht, gab ihm den Kelch zu treuen Händen und klärte ihn über die Mysterien der heiligen Messe und anderer esoterischer Praktiken auf. Joseph wurde im Gefängnis durch eine Taube am Leben erhalten, die jeden Tag in seine Zelle kam und eine Waffel in den Kelch legte. Nach seiner Entlassung ging Joseph ins Exil und baute den ersten Gralstisch, der das Letzte Abendmahl repräsentierte. An diesem Tisch konnten zwölf Personen sitzen, ein Fisch wurde an den Platz von Jesus gelegt, und der dreizehnte Stuhl für Judas blieb leer. Generationen später wurde die Gralsburg (Montsalvat) errichtet und der Orden der Gralsritter gegründet. Als der König verwundet wurde, verwandelte sich die Umgebung des Gralsschlosses in unfruchtbares Ödland. Nur wenn der Ort gefunden wurde, an dem der Gral aufbewahrt war, konnte der König geheilt und das Land wieder fruchtbar gemacht werden. Dies ist die Essenz der Legende.

Heilung ist ein bedeutender Aspekt beim As der Kelche, so wie beim Gral. Das Element des Wassers, das reinigt und läutert, und die Gaben der Telepathie, der Weissagung und der unmittelbaren Wahrnehmung sind hier betont.

Viele Symbole dieser Karte korrespondieren mit Ideen aus dem Gralsmythos. Die den Kelch umkreisenden zwölf Lichtpunkte sind die zwölf Personen, die am Gralstisch sitzen. Die Taube, die Joseph von Arimathäa ernährt hat, ist gleichzeitig das Symbol für die Große Mutter Venus, Göttin der Liebe. Der Fisch, ein traditionelles Symbol für Jesus Christus, repräsentiert außerdem die weiblichen Genitalien, wie auch der Kelch selbst. Am Tag der Venus (Freitag) wird Fisch gegessen. Am unteren Rand der Karte befinden sich das Zeichen der Venus und das Kreuz. Der Kelch enthält dunkelrotes Blut/Wein. Der Fisch, der über dem Gefäß schwebt, ist als »Tetra des blutenden Herzens« bekannt. Das Herzzentrum ist die Essenz dieser Karte, so wie Kelche zu Herzen wurden, als sie sich von Tarot- zu Spielkarten entwickelten.

Wenn auch der Gral eine Vollkommenheit repräsentiert, die in diesem Leben kaum erreicht werden kann, so hat das As der Kelche doch mit emotionaler Erfüllung und dem Erreichen des Ziels nach langer Suche zu tun. Es symbolisiert Nahrung und Fruchtbarkeit, kündigt die Möglichkeit einer Geburt in der Familie an und ist in der Regel ein solch positives, lebenspendendes Omen, daß es die positiven Aspekte aller Karten verstärkt, die sich bei der Auslegung um das As herum befinden.

Das Schlüsselwort dieser Karte ist **Intuition.**

Zwei der Kelche

Die Zwei der Kelche ist ein Symbol für die romantische Beziehung zwischen Mann und Frau sowie für alles, was damit zu tun hat. Geschichtlich gaben sich Liebende mit Kelchen das Versprechen der Verlobung. Einerseits wird hier der Geschlechtsakt und die Erfüllung sexueller Wünsche ausgedrückt, doch gleichzeitig geht es auf einer höheren Ebene um die Verschmelzung oder Hochzeit der feurigen Sonnenenergie mit dem Wasser-Bewußtsein, die erfolgreiche Anziehung und Verbindung von Gegensätzen. Dieses Verschmelzen ist so vollkommen und erfüllend, daß die indische Mythologie diese Verbindung als »Wasser, das mit Wasser zusammenfließt« beschreibt.

Dieses besondere Bild ist vom ägyptischen *Menat* abgeleitet, einem Amulett, das von Pharaonen wie auch von Gottheiten getragen wurde und die Bewegung vom Männlichen zum Weiblichen repräsentiert. Das Bild des roten männlichen Kelchs und des blauen, mondähnlichen weiblichen Gefäßes deutet auf den sexuellen Akt hin. Als Amulett versprach das Menat sexuelle Potenz in den paradiesischen Gefilden jenseits des Todes.

Astrologisch gesehen ist diese Karte von der Venus im Krebs regiert. In der Serie der Kelche fühlt sich der Krebs, das empfänglichste Zeichen des gesamten Tierkreises, besonders wohl und verbindet sich mit der von Venus beherrschten emotionalen Ebene, um eine Atmosphäre von Vertrautheit und gefühlvoller Wärme zu schaffen. Der Krebs sitzt vor den Kelchen. Er ist eine amphibische Kreatur, die auf dem Land lebt, doch regelmäßig zum Wasser zurückkehren muß, um ihre Kiemen zu füllen. Dies definiert wunderbar die wechselseitige Abhängigkeit der beiden Kelche. Das Zeichen der Venus befindet sich über den Gefäßen in der Luft und trägt in sich die zwei verbundenen Dreiecke männlicher und weiblicher Energie.

Bei einer Auslegung symbolisiert diese Karte Hochzeiten, Partnerschaften, romantische Verbindungen, Versprechen und Intimität.

Das Schlüsselwort dieser Karte ist: **Harmonie.**

Drei der Kelche

Numerologisch gesehen bedeutet die Progression von der Zahl Zwei zur Drei das definitive, nicht rückgängig zu machende Beschreiten eines Pfades hin zur Vielfalt. Die Drei ist die Zahl der Geburt, die eine ganze Kette von Ereignissen nach sich zieht. Kelche und das Element des Wassers verstärken diese Stimmung noch.

Hier ist das Wasser das große Meer, die dunkle Mutter Binah (die dritte Sephira am Baum des Lebens). Die aus dem Meer emporsteigenden Kelche sind eiförmig, wobei die beiden obersten Gefäße von Samenfäden befruchtet werden, die wiederum das Zeichen des Krebses bilden.

Merkur im Krebs ist die astrologische Entsprechung dieser Karte. Der Wille von Merkur verbindet sich mit dem empfänglichsten aller Sternzeichen in einer überaus produktiven und erfüllenden Weise. Das Zeichen des Merkur befindet sich im unteren Kelch; sein kreisförmiger Kern bildet den »Punkt im Dreieck«, so daß das *Yoni-Yantra* entsteht, ein tantrisches Symbol, das einen Fötus oder Samen in der Gebärmutter (in Form des umgekehrten Dreiecks) darstellt.

Das Zeichen am oberen Rand der Karte stammt aus der Kultur Rajasthans (Indien). Üblicherweise von den Frauen mit farbiger Reispaste auf die Wände der Häuser gemalt, repräsentiert es die Göttin der Fruchtbarkeit und Fülle.

Bei der Deutung steht diese Karte für Fülle und Überfluß, für Gastfreundschaft, sinnliches Vergnügen, mögliche Geburten, Heilung schmerzhafter Erinnerungen und das Genießen der vielen Gaben des Lebens, wobei wir gleichzeitig wissen, daß sie nicht von ewiger Dauer sind.

Das Schlüsselwort dieser Karte ist **Überfluß.**

Vier der Kelche

Die Stellung von Mond im Krebs sorgt in dieser Karte für eine sehr passive Energie. In der Reihe der Kelche führt dies zu emotionaler Labilität. Kaum ein Symbol dieser Karte läßt auf charakterliche Stärke, Integrität oder Selbstkontrolle schließen, sondern ausschließlich auf die Befriedigung sinnlicher Genüsse. Ohne jegliche Vision oder höheres Prinzip, das als führende Kraft dienen könnte, führt dieses Verhalten bald in eine Sackgasse.

Die Zahl Vier steht für Ordnung und Struktur, doch in diesem Fall engt die Struktur nur ein. Das zeigt sich in den rechteckigen Linien; was vordem ein Muster war, wird jetzt zu einem Labyrinth. Die Kelche wirken trüb und grau, und dem ganzen Bild mangelt es an Farbe. Langeweile und Unruhe setzen ein, weil das Bedürfnis nach Veränderung und vor allem nach Wachstum nicht befriedigt wird.

Das zentrale Symbol und die dunklen, kaulquappenähnlichen Formen werden in Lateinamerika bei der Herstellung von Regenmacher-Totems verwendet. Obwohl Kelche normalerweise auf das Wasserelement hindeuten, weist hier die ganze Atmosphäre auf die Gefahr hin, daß das Leben trocken, unfruchtbar und lustlos wird. Daher das Symbol des Regenmachens.

Dies mag eine Zeit der Vergnügungen sein. Doch verbunden mit dem unangenehmen Gefühl, daß das Vergnügen immer mehr seinen Reiz verliert, befriedigt die alte Routine nicht mehr länger. Die Unzufriedenheit ist Teil des Wachstumsprozesses hin zu neuen Ebenen des Bewußtseins.

Das Schlüsselwort dieser Karte ist **Lustlosigkeit.**

Fünf der Kelche

Fünf strahlendweiße Kelche stehen vor einem friedlichen blauen Himmel, doch eines der Gefäße ist umgestürzt, und sein Inhalt, der in krassem Gegensatz zu der ruhigen Umgebung steht, ist ausgelaufen. Die feuerfarbene Flüssigkeit, die aus dem Kelch fließt, enthüllt eine verborgene und wesentlich dunklere Welt unter der stillen, friedlichen Oberfläche.

Diese Karte weist deutlich auf die konträre Energie von Gegensätzen hin. Sie wird vom Planeten Mars im Wasserzeichen des Skorpions regiert. Die Kelche entsprechen ebenfalls dem Wasser, der intuitiven Welt der Gefühle. Doch entsprechend der Kabbala zählt die Fünf zum Feuerelement und bringt in der Regel Aufruhr und den Zusammenbruch alter Ordnungen.

Der einzelne umgestürzte Kelch zeigt, daß es sich hier um schwierige Umstände handelt, wobei man sich ein günstigeres Ergebnis erhofft hatte. Emotionale Wünsche werden nicht erfüllt. Das Buch Hiob vergleicht Sturmwolken mit Flaschen, die Wasser aus dem Himmel schütten, und diese Kelche sind wie Alabasterherzen, die Emotionen ausschütten.

Dies mag eine Zeit der Trennung von geliebten Menschen oder des Abbruchs von Beziehungen sein. Wenn man sich in einer solchen Situation befindet, ist es am besten, sie zu akzeptieren und den nächsten Schritt im Leben zu tun, ohne an der »verschütteten Milch« der Enttäuschung festzuhalten.

Das Schlüsselwort dieser Karte ist **Verlust.**

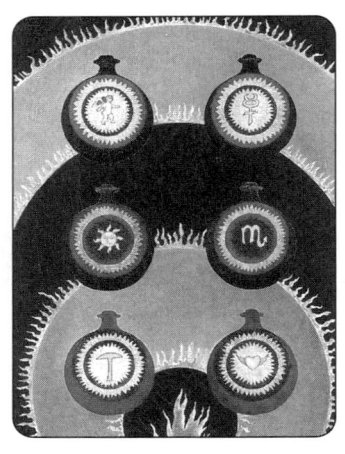

Sechs der Kelche

Die Kelche auf diesem Bild sind die »hermetischen Gefäße«, die von den Alchemisten bei ihrer Arbeit benutzt wurden. Das hermetische Gefäß bildete den Kern des alchemistischen Prozesses und galt als Symbol des Eis oder der Gebärmutter. Daher geht es hier ganz offensichtlich um das Gebären neuer Ideen, das Erreichen einer neuen Synthese nach einem Prozeß der »mentalen Destillation« oder des Denkens.

Ideen sind die Kinder des Geistes. Die beiden oberen Gefäße zeigen daher ein geflügeltes Kind (nämlich Merkur, das Kind des Geistes, in der Alchemie auch Homunculus genannt) und das Zeichen des Merkur.

Die mittleren beiden Gefäße enthalten die astrologischen Zeichen für Sonne und Skorpion, also Feuer- und Wasserzeichen. Das deutet auf Ausdrucksstärke wie auch emotionale Tiefe hin, die zusammen Vergnügen und Genuß bringen. Die Sonne im Skorpion repräsentiert jedoch eine starke Sexualität, daher kann die Gefahr sexueller Ausschweifung bestehen.

Das untere Kelchpaar weist das ägyptische Symbol für sexuelle Liebe und das Sufi-Symbol der göttlichen Liebe auf. Sie können auch als erwachsene Liebe und die Reinheit der kindlichen Liebe gesehen werden.

Die Kombination von Energien, die hier dargestellt ist, repräsentiert die Beziehung, die ein Erwachsener zu seiner eigenen Kindheit hat. Der erwachsene Mensch ist eine Destillation seiner vergangenen Erlebnisse. Man findet hier ein starkes Gefühl für das Vergangene, fast eine Art Nostalgie, in der man seine gesamte Situation überdenkt und herausfinden möchte, wie man als Erwachsener von seinen Erfahrungen als Kind geprägt worden ist.

Wenn diese Karte bei einer Auslegung erscheint, deutet sie darauf hin, daß dies ein guter Zeitpunkt ist, um sich den tiefen emotionalen Problemen aus der fernen Vergangenheit zu stellen, die sich oft im sexuellen Bereich manifestieren oder tief im Unterbewußtsein verborgen sind, und sie zu überwinden. Es handelt sich dabei jedoch um eine optimistische Karte mit einer Atmosphäre von angenehmen Erinnerungen und Verständnis für die Erfahrungsmuster während des Heranwachsens. Vielleicht kehrt sogar eine alte Liebe aus der Vergangenheit zurück. Eine beginnende Freude ist spürbar, während man eine neue Freiheit des Ausdrucks entdeckt, die von beinahe kindlicher Qualität ist.

Darum ist das Schlüsselwort dieser Karte die **Kindheit.**

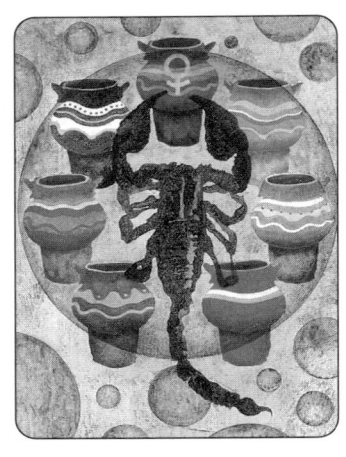

Sieben der Kelche

Die Kelche haben hier die Form von Ritualgefäßen, wie sie von den Schamanen der Eingeborenenstämme im nordwestlichen Amazonasgebiet verwendet werden. In diesen Töpfen mischen sie ihre berauschenden Getränke, mit deren Hilfe sie in halluzinatorische Trance-Zustände fallen. Obwohl schöpferische Phantasie und übersinnliche Kräfte positive Fähigkeiten sind, weist diese Karte darauf hin, daß man in Gefahr ist, sich von übermäßiger Subjektivität und überschwenglichen Träumen fehlleiten zu lassen. Wenn man glaubt, daß Emotionen der objektiven Wahrheit entsprechen, sind grobe Fehlschlüsse und Irrtümer die Folge.

Das Bild wird von dem Skorpion in der Mitte beherrscht. Diese Karte wird von Venus im Skorpion regiert, und die emotionale Qualität der Venus verstärkt hier den unangenehmsten Aspekt des Skorpions – seine betrügerische (und selbstbetrügerische) Qualität. Dies ist eine starke astrologische Kombination von beinahe halluzinatorischer Intensität.

Es ist notwendig, zwischen Hoffnungen und Phantasien zu unterscheiden, zwischen echten Einsichten oder Visionen und reinem Wunschdenken. Es mag eine Abneigung vorhanden sein, unbequemen Wahrheiten ins Gesicht zu schauen. Auch wenn wir alle unsere eigene Sichtweise der Welt haben, so ist es doch wichtig, die Tatsachen zu akzeptieren und objektiv zu bleiben. Dies ist nicht die Zeit, Entscheidungen aus sentimentalen Gefühlen heraus zu treffen.

Das Schlüsselwort dieser Karte ist **Illusion.**

Acht der Kelche

 Während die Zahl Sieben sich unberechenbar zeigt, stellt die Zahl Acht eine Rückkehr zur rationalen Welt der Analyse dar. Jedoch richtet sich im Bereich der Emotionen, die von den Kelchen repräsentiert werden, die Analyse nach innen, was extreme Selbstbeobachtung bedeutet, die zu einer Änderung des Verhaltens in der Außenwelt führt. Materieller Erfolg wird unwichtig. Und auch wenn materielle Belohnungen als das gesehen werden sollten, was sie tatsächlich sind, so gibt es hier doch einen extremen Rückgang des Interesses an allem, was sich außerhalb des eigenen emotionalen Bereiches abspielt. Es besteht die Gefahr von Trägheit und Zeitverschwendung. Introspektion wird mit einer solchen Intensität betrieben, daß sie zu einer inneren Erosion führen kann.

Astrologisch entspricht diese Karte Saturn in den Fischen. Die Wasser des Fisches sind naturgemäß stille Wasser, doch der schwere Saturn, Herr der Zeit, bewegt sich so langsam, daß die stillen Wasser abgestanden und leblos werden. Im Vordergrund liegt ein verwesender Fisch, die Kelche haben Sprünge und sind zerbrochen, und auch die Statue des Saturn selbst befindet sich in einem Zustand des Verfalls. Die ganze Szene erweckt den Anschein, als wäre sie vergessen, übersehen, zurückgelassen, der Auflösung und Zersetzung preisgegeben, während die Zeit in einem Zustand der Apathie verstreicht.

Selbstbeobachtung ist sinnvoll und notwendig für das geistige Wachstum und bringt eine natürliche Loslösung von weltlichen Zielen, doch ist es unsinnig und schädlich, wenn man sich zu tief in seine Emotionen fallen läßt.

Das Schlüsselwort dieser Karte ist **Trägheit.**

Neun der Kelche

Die neun Kelche sind zeremonielle Tongefäße, die traditionell in vielen östlichen Kulturen bei Ritualen der Opferung oder Andacht benutzt werden. Sieben der Kelche sind in Form eines Mandalas angeordnet und mit roten Blüten gefüllt. Sie sind eine Opfergabe, die normalerweise mit einem Gebet, einem Wunsch oder einer meditativen Reinigungszeremonie einhergeht.

Gebets- und Reinigungsrituale sind in allen Kulturen oft mit der Zahl Drei verbunden – zum Beispiel die Heilige Dreifaltigkeit oder in der indischen Mythologie die drei Gottheiten, die für Schöpfung, Bewahrung und Zerstörung des Universums verantwortlich sind. Daher kann die Neun, die dreimal die Drei ist, als der höchste Aspekt der Dreiheit betrachtet werden.

Dies bringt großen Erfolg, und die Karte deutet auf Glück und Vergnügen hin, auch wenn diese Vergnügungen vielleicht nur kurzfristiger und sinnlicher Natur sind, anstatt tiefer zu gehen.

Die roten Blumen sind Orchideen. Obwohl es Tausende verschiedener Arten gibt (wie die vielen unterschiedlichen Gesichter Gottes), enthalten sie alle jeweils drei Blüten- und drei Kelchblätter. Die Blumen befinden sich in sieben der neun Kelche; die anderen beiden werden für Räucherstäbchen und geweihtes Wasser benutzt.

Die abgebildete Gottheit ist Vishnu, der mit Brahma und Shiva eine Trinität bildet. Er erhält und bewahrt die Welt und ist daher ein Spender von Nahrung, die Antwort auf unsere Gebete. Der Legende nach hat sich Vishnu schon neunmal auf der Erde inkarniert; das zehnte Mal steht noch bevor, und zwar am Ende des *Kali Yuga,* dem Zeitalter, in dem wir uns heute befinden.

Astrologisch entspricht die Neun der Kelche Jupiter in den Fischen, deren Symbole auf dem Gefäß im Vordergrund zu sehen sind. Der Donnerblitz des Zeus und die Fische sind Hauptbestandteile des Mandalas, in dem die Kelche plaziert sind. Jupiter verbindet sich gut mit den Fischen und bringt Zufriedenheit und Segen.

Das Schlüsselwort dieser Karte ist **Wunscherfüllung**.

Zehn der Kelche

Die Zahl Zehn symbolisiert im Tarot normalerweise die Vollendung einer Energieform. In diesem Fall ist es so, daß man das bekommen hat, was man sich wünschte, und dann feststellen mußte, daß es doch nicht das war, was man haben wollte. Erfüllung und Befriedigung sind zu Sättigung und Übersättigung geworden. Die Kelche sind voll, und voll zu sein bedeutet, nicht länger empfänglich zu sein. Andererseits ist dies jedoch auch eine Zeit, um emotionale Angelegenheiten ohne Schuldzuweisungen zu klären, eine Zeit der Heilung und des Dienstes innerhalb der Gesellschaft im allgemeinen.

Das Bild zeigt die Zeichen von Mars und den Fischen. Dies betont das Element der Endgültigkeit. Die Fische, das chronologisch letzte Sternzeichen im Tierkreis, sind vergeistigt und friedfertig (doch hier fast schon selbstzufrieden). Diese Beinahe-Perfektion wartet passiv auf die unvermeidliche, aufrührerische Kraft des Mars. Die Kelche sind trüb (im Moment der Erfüllung haben sie ihren Glanz verloren). Sie sind so angeordnet, als befänden sie sich am kabbalistischen Baum des Lebens, vor einem wäßrigen Hintergrund, dem Element der Kelche.

Der Lebensbaum der kabbalistischen Tradition beruht auf dem Konzept von zehn Ebenen oder Sephirot. Diese beinhalten alle Qualitäten des Lebens, von der niedrigsten bis zur höchsten. Ein Aspekt dieses Lebensbaums, der bei uns wenig bekannt ist, ist für das vorliegende Tarotdeck von besonderer Bedeutung: Seine Struktur folgt der Gesetzmäßigkeit von Sieben und Drei[1] und ist im Universal-Tarot konsequent widergespiegelt. Dementsprechend zeigt das Bild drei vertikale Säulen und sieben horizontale Ebenen. Jeder Kelch enthält dabei ein Objekt oder Bild, das die Qualität der jeweiligen Sephira reflektiert.

Ganze Bücher könnten über die Struktur des kabbalistischen Lebensbaumes geschrieben werden. Nachfolgend finden Sie lediglich eine kurze Beschreibung, die diese Karte verständlicher machen soll.

- Ganz oben befindet sich *Kether,* die reinste, unbefleckte Ebene, der Ursprung jeglichen Potentials; dies wird symbolisiert durch die Krone des Höchsten.
- *Chokmah,* das Fließen der Sonnenenergie, das phallische oder männliche Element, ist hier als Feuer dargestellt.
- *Binah* ist das unendliche Meer, das weibliche Element, und bildet den Ausgleich zur Energie des Feuers. Der Kelch ist gefüllt mit dem Wasser des Ozeans.
- *Chesed,* der Bereich des Erbauens, Messens und Schaffens

von Ordnung, wird von der Weltkugel mit dem Kreuz repräsentiert.
- *Geburah,* der notwendige zerstörerische Aspekt der Schöpfung, ist das Gegengewicht zu der Ordnung von Chesed.
- *Tiphareth* entspricht Schönheit, heilender Erlösung, Weisheit durch Opfer und wird durch das Kreuz anschaulich dargestellt. Diese Weisheit steht im Zentrum des Lebensbaumes.
- *Netzach.* Gefühle, Natur, Liebe, Mystizismus, kabbalistisch durch die Rose symbolisiert; die Perfektion der Natur umfaßt die Zartheit der Blume und die Schärfe des Dorns.
- *Hod.* Der konkrete Verstand. Die Ratio, der Gebrauch der Sprache. Mit Worten das Abstrakte beschreiben. In dem Gefäß sind Rudrashka-Perlen, die seit jeher von Sadhus, den heiligen Männern Indiens, benutzt werden. Die 108 Perlen stehen der Überlieferung nach für die Namen Gottes, und die große Perle steht für das Wesen des Beobachters.
- *Yesod.* Große Kraft, die darauf wartet, eingesetzt zu werden. Hier wird auf den astralen Bereich oder die ätherische Ebene hingewiesen. Aromaöle und Räucherstäbchen vermitteln die ätherische, heilige Qualität.
- *Malkuth* ist die Sephira der Vollendung, der Erde. Das abgebildete Kreuz mit den beiden gleichlangen Balken repräsentiert das Gleichgewicht der Elemente.

Die Kelche sind auf allen Ebenen gefüllt, und das Schlüsselwort dieser Karte ist **Fülle.**

König der Kelche

Die vorherrschende Charakteristik des Königs der Kelche ist der Konflikt zwischen der Männlichkeit des Königs und den weiblichen Eigenschaften der Kelche. Während die Königin der Stäbe die kontrastierenden Elemente von Feuer und Wasser benutzt, um Gleichgewicht zu schaffen, spielt der König der Kelche sie gegeneinander aus und schafft so in sich selbst einen unaufhörlichen Kampf, der seine Fähigkeit zum Selbstausdruck einschränkt, besonders im Hinblick auf seine mehr nach außen gerichteten Ambitionen.

Dieser Konflikt zeigt sich überall in der Karte. Die goldenen Ornamente stehen in auffallendem Kontrast zu den blauen Tiefen. Das Unterwasser-Leben, das den König umgibt, wird einerseits durch Mondfische, andererseits durch den phallischen Aal und den »männlichen« Drachenfisch dargestellt. Sogar das Zeichen der Fische (das Sternzeichen dieses Königs), hier als Dreizack zu sehen, scheint aus zwei

Monden zu bestehen, die in entgegengesetzte Richtungen streben. Der Dreizack ist im Boden verankert, was darauf hindeutet, daß er nicht benutzt wird. Tatsächlich neigt der König dazu, seiner passiven Natur nachzugeben, was dazu führen kann, daß er stimmungsmäßig ständig zwischen Begeisterung und Melancholie hin und her schwankt.

Obwohl eine Hand des Königs auf dem Kelch ruht, dem zentralen Bild dieser Karte, ist er doch nicht ganz bei der Sache. Sein Blick ist in die Ferne gerichtet. Der »Herrscher der Tiefe« wird leicht durch die Gezeiten des Schicksals beeinflußt und läßt sich schnell von äußeren Umständen beeinflussen, was seine Monarchie schwächt. Es mangelt ihm an Fokus, Beharrlichkeit, klarer Absicht. Er hat ein angenehmes Wesen, ist liebenswert und unkompliziert, doch er zieht seinen Frieden jeglichen Konfrontationen vor. Sein Pferd, das Seepferdchen, hat keinen Sattel und wird nicht von ihm geritten.

Das Schlüsselwort dieser Karte ist **Unentschlossenheit.**

Königin der Kelche

Da Kelche Symbole des Wasserelements, der Welt der Intuition, sind und Königinnen als die intuitivsten der Hofkarten gelten, entspricht diese Karte zweifachem Wasser. Diese Königin ist eine sehr emotionale, doch innerlich gefestigte Persönlichkeit. Ihr Hauptmerkmal ist ihre Fähigkeit, subtile Gefühle zu empfangen und zu vermitteln. Sie reflektiert die Gefühle anderer um sie herum so genau, daß es schwierig ist, ihre eigene wahre Natur zu erkennen. Hier sieht man sie umgeben von den Nebeln und Dämpfen der Wasserebene. Ihr reflektiertes Bild im Spiegel ist deutlicher zu sehen als ihr wirkliches Gesicht.

Sie ist die Repräsentantin des astrologischen Zeichens Krebs. Das traditionelle Symbol des Krebses ist in der Zeichnung auf dem Bord zu sehen, auf dem der Kelch steht, so als wäre der astrologische Blickpunkt des Krebstypus Teil des Fundaments ihrer emotionalen Welt. Sie ist durch ihre

Tendenz zur Verträumtheit geschwächt und lebt manchmal in einer Art zerbrochener Realität, einer aus Träumen bestehenden Blase, so wie der Krebs in seiner Schale lebt. Ebenso wie der Krebs bewegt sie sich nicht direkt auf das zu, was sie will, sondern nähert sich ihrem Ziel eher auf eine laterale, seitliche Weise.

Trotz dieser Schwäche und Zerbrechlichkeit ist sie in ihrem Herzen eine reine Seele, empfänglich und wohlwollend. Bei einer Auslegung ist die Interpretation der Königin der Kelche in hohem Maße abhängig von ihrer Beziehung zu den sie umgebenden Karten.

Das Schlüsselwort dieser Karte ist **Übermittlung von Kräften.**

Bube der Kelche

Ein sofort ins Auge fallender Aspekt dieser Karte sind die leuchtenden Primärfarben. Sie sind im wahrsten Sinne des Wortes »elementar« in der Art, wie sie die besondere Bedeutung enthüllen, die dem Buben der Kelche innewohnt. Die drei Elemente – Feuer, Wasser und Luft – werden durch die Farben Rot, Blau und Gelb ausgedrückt. Der Bube selbst ist gänzlich blau, wie auch das Gefäß, das er auf der Schulter trägt. Er wird vollkommen von seinen Emotionen beherrscht. In seinem Herzen ist er ein romantischer Idealist, ein Perfektionist. Das macht ihn verletzbar, also gibt er sich alle erdenkliche Mühe, eine Maske zu schaffen, hinter der er sich verstecken kann. Doch wahrscheinlich ist diese Maske nicht sehr wirkungsvoll. Er versucht angestrengt, seine emotionale Seite zu unterdrücken und seine wahren Gefühle zu verheimlichen. Er umgibt sich fast vollständig mit dem Gelb der rationalen Welt, dem Intellekt, der die Gefühle verschlingt. Dennoch ist die feurige Qualität seiner Leidenschaft, die strahlendrote Form, deutlich zu sehen, trotz seiner intensiven Bemühungen, sie zu verbergen.

»Verbergen« ist die Grundbedeutung dieser Karte. Wie Galahad, der seinen tiefen Wunsch nach dem Gral hinter einem ruhigen, sogar verschlossenen Äußeren verbarg, so versucht der Bube der Kelche, seine ungeheuer leidenschaftliche innere Welt mit einer ausdruckslosen Maske zuzudecken. Er repräsentiert das Sternzeichen des Skorpions, eines der geheimnisvollsten Zeichen, das oft sehr sinnlich und sexuell betont ist. Daß ein Skorpion seine Genitalien bedeckt, läßt darauf schließen, daß sein starker sexueller Drang auf schädliche Weise unterdrückt wird. Der dargestellte Skorpion wird auch »Pseudo-Skorpion« genannt, ein passender Name für jemanden, der der Welt ein solch kalkuliertes und kaltes Gesicht zeigt.

Die rote, wellenähnliche Form ist bewußt zweideutig. Sie erinnert an Flüssigkeit, vielleicht das innerste Lebensblut des Buben, doch andererseits könnte es sich auch um die phallische Schlange handeln, mit all ihren feurigen Assoziationen.

Beim Kartenlegen weist diese Karte auf eine Hochzeit oder eine Beziehung mit stark romantischem Charakter hin, die unter Umständen ein Element von unrealistischem Idealismus aufweist. Es könnte sich auch um zu Ende gehende oder anstehende Situationen handeln, die tiefe Emotionen wecken. Der Bube der Kelche ist sinnlich, kraftvoll und darum bemüht, seine Kraft nicht zu verlieren.

Das Schlüsselwort dieser Karte ist **Verschleierung.**

Die Schwerter

As der Schwerter

Das As der Schwerter bezieht sich mehr auf die Kraft, die man beschwört, als auf natürliche Kräfte. Mit anderen Worten, diese Karte weist auf eine Kraft hin, die das Resultat einer auf Analyse und Logik beruhenden Entscheidung ist.

Um ein mächtiges Schwert zu schwingen, braucht der Betreffende große Stärke und moralische Integrität, da die Kraft des Schwertes sowohl segensreich als auch zerstörerisch sein kann, je nachdem, wofür sich sein Benutzer entscheidet. Hier betreten wir die Welt der schwarzen und weißen Magie.

Unser Leben besteht aus einer kontinuierlichen Reihe von Entscheidungen, Tag für Tag, in jedem Augenblick. Diese Entscheidungen basieren in der Regel auf der analytischen Beurteilung einer Situation; sie beeinflussen unsere Handlungen und prägen damit die Welt, in der wir leben. Jede

Kultur besteht aus Entscheidungen – man akzeptiert eine Sache und lehnt eine andere ab.

Die Darstellungen auf dieser Karte symbolisieren die Zweideutigkeit des Lebens in einer Welt, in der man versucht, zwischen richtigen und falschen Entscheidungen zu unterscheiden. Der Himmel ist sowohl dunkel als auch hell. Traditionell sind Tauben das Symbol von Reinheit und Frieden, doch repräsentieren sie in vielen Kulturen auch Tod und Trauer, vor allem bei den nordamerikanischen Indianern. Auf dieser Karte sind drei Tauben abgebildet, entsprechend der Dreifaltigkeit, die dennoch nicht gegeben ist, da sie in entgegengesetzten Richtungen davonfliegen.

Die Vögel repräsentieren außerdem das Element der Luft, den Bereich der Gedanken und des Intellekts, der die Schwerter regiert. Dieses Element wurde in der ägyptischen Kultur als eine geflügelte Scheibe dargestellt. Die Verbindung zwischen der Luft und der mentalen Welt besteht darin, daß Gedankenschwingungen sich durch die Luft ausbreiten. Es ist jedoch wichtig zu bemerken, daß in diesem Tarotdeck alle Asse mit Darstellungen von Flügeln oder Vögeln versehen sind. Der Grund dafür liegt in der Tatsache, daß im As jeder Reihe der Samen für den Übergang in die nächste Reihe liegt, und diese Aufwärtsbewegung, diese progressive Entwicklung wird durch das Emblem der Flügel ausgedrückt.

Der Totenschädel weist uns darauf hin, daß mit der Entscheidung für einen bestimmten Weg ein anderer Pfad für uns nicht mehr existiert. Die messerscharfe mentale Waffe, die uns zu eigen ist, kann äußerst feine Trennungen vornehmen. Daher müssen wir sie mit Vorsicht benutzen und bemüht sein, bei der Wahl unserer Entscheidungen objektiv zu bleiben. Es ist offensichtlich, daß selbst scheinbar unwichtige oder belanglose Entscheidungen sehr weitreichende Konsequenzen haben können.

Das Schlüsselwort dieser Karte ist **analytischer Verstand.**

Zwei der Schwerter

Dies ist eine Karte des Friedens, wenn sie auch nicht unbedingt Ruhe und Licht ausstrahlt. Der Frieden ist das Resultat einer Auseinandersetzung, nach der man sich wieder versöhnt hat. Doch dieser Waffenstillstand ist nicht echt; direkt unter der Oberfläche lauert noch immer die Disharmonie.

Es handelt sich hier um zweihändige Schwerter, bei denen sowohl die linke als auch die rechte Seite repräsentiert ist, in der Absicht, die Harmonie wiederherzustellen. Es wurde also durch eine Analyse beider am Streit beteiligten Standpunkte eine vorübergehende Lösung gefunden. Die beidhändigen Schwerter bieten einen momentanen Schutz, wie auch der Kreis, der von jeher als Symbol für Schutz und Beschütztsein gilt. (Das ist übrigens auch der Grund, warum viele Talismane und Glücksbringer rund sind.)

Die Zwei der Schwerter wird vom Mond in der Waage regiert. Der normalerweise irrationale Mond findet in diesem Zeichen Stabilität. Die Schwärze der Monde weist jedoch auf dunkle Verheimlichungen hin. Es fällt schwer, Lösungen für die Probleme zu finden. Der undurchsichtig trübe Hintergrund verstärkt noch diesen Eindruck.

Im großen und ganzen ist die Stimmung ruhig, doch es könnte sich um die Ruhe vor dem Sturm handeln. Es sind noch nicht alle Hindernisse überwunden. Sicherheit und Schutz, die im Moment durch den Kreis, die Schilder und die Schwerter geboten werden, sind nicht von Dauer.

Das Schlüsselwort dieser Karte ist **Kompromiß.**

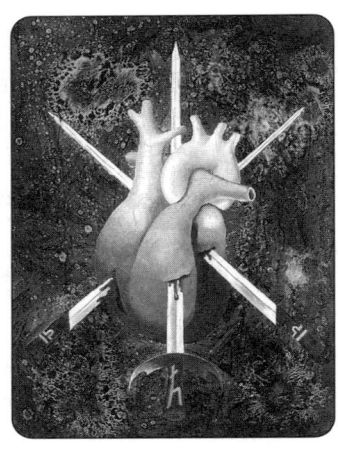

Drei der Schwerter

Diese Karte, eine der beunruhigendsten im ganzen Deck, sagt viel über die Natur psychologischen Leidens aus. Hier hat die übertriebene Anwendung mentaler Fähigkeiten das emotionale Zentrum dominiert und schließlich zerstört. Die Schwerter des Verstandes, die die Welt analysieren und in immer kleinere Teile von Informationen zerschneiden, haben bereits das Herz durchstoßen und nachhaltig das Potential für Liebe und Mitgefühl geschädigt. Der Same des Wahnsinns ist gesät.

Die Drei signalisiert normalerweise den Beginn von Aktivität. Doch in diesem Fall erschafft die fieberhafte Aktivität des Verstandes – ohne Ausgleich und ohne leitendes Prinzip – nur die Dämonen der Negativität.

Auf den Griffen der Schwerter befinden sich die Symbole von Saturn und Waage. Wenn eine Situation ernsthaft aus dem Gleichgewicht geraten ist, ist es manchmal notwendig, daß Saturn die Waagschalen der Waage kippt, um das Gleichgewicht der Situation wiederherzustellen. Die Härten und Schwierigkeiten, die oft mit Saturn assoziiert werden, deuten also darauf hin, daß in dieser schmerzhaften Situation eine wichtige Lektion zu lernen ist.

Das Schlüsselwort dieser Karte ist **mentale Unzufriedenheit.**

Vier der Schwerter

*D*ie Zahl Vier in der Reihe der Schwerter repräsentiert Erdung und Neuordnung im mentalen Bereich; aber nicht etwa eine Trübung des Verstandes, sondern vielmehr eine Schärfung des Intellekts, durch die das spirituelle Gleichgewicht wiederhergestellt wird. Während die Drei der Schwerter die Harmonie der Zwei gestört hat, stellt die Vier dank des positiven Einflusses von Jupiter den Waffenstillstand wieder her. Jupiter in der Waage spiegelt ein Wohlwollen und eine Sensibilität von beinahe religiöser Qualität. Dies ist eine Zeit der Einkehr oder des Rückzugs in die Meditation, eine Zeit der vorübergehenden Loslösung von den materiellen Werten des Lebens. Ein Waffenstillstand ist erreicht worden, doch noch kein dauernder Frieden, und der Geist stärkt sich in Vorbereitung auf die Zukunft.

Sufismus ist der esoterische Aspekt des Islam, der in seinem Kern die Doktrin der Barmherzigkeit, Reinheit und Hingabe an Gott enthält – allesamt zentrale Themen für die Bedeutung dieser Karte. Im unteren Bereich des Bildes ist der arabische Text *Ruhm seiner Majestät* zu lesen. Die Schwerter sind da, um das esoterische Gesetz aufrechtzuerhalten, doch gleichzeitig sind sie miteinander verbunden und bilden einen schützenden Kokon um den Namen Gottes, der auf dem Pergament geschrieben steht. Die Schriftrolle selbst repräsentiert die Schaffung von Gesetzen, Dogmen und heiligen Büchern, Resultate des Intellekts, der das geistige Wort in der physischen Welt manifestiert.

Es geht hier darum, die Dinge äußerst kritisch zu unterscheiden und für Schutz gegen Dämonen und dunkle Kräfte zu sorgen, doch mit einer reinen und barmherzigen Absicht.

Das Schlüsselwort dieser Karte ist **Mitgefühl.**

Fünf der Schwerter

Die fünf Schwerter bilden hier ein umgekehrtes Pentagramm, nicht gerade ein günstiges Omen, und der schwarze Stern in der Mitte ist der fünfzackige Stern von Geburah, dem Störenfried unter den Sephirot des kabbalistischen Lebensbaumes.

Um die Zacken dieses Sterns herum befinden sich die kalligraphischen Zeichen der fünf chinesischen Elemente, im Uhrzeigersinn von oben: Metall, Wasser, Holz, Feuer und Erde. Entsprechend der Tradition wird jedes Element jeweils von einem anderen zerstört. Metall zerstört Holz, so wie eine Axt den Baum zersägt. Holz zerstört Erde, wie bei dem alten hölzernen Pflug, der durch den Erdboden schneidet. Erde zerstört Wasser, indem sie es in Schlamm verwandelt. Wasser löscht das Feuer aus. Feuer bringt das Metall zum Schmelzen.

Die Atmosphäre ist düster; sie vermittelt das Gefühl, ein

Opfer des Schicksals zu sein, das wie ein Blitz eingeschlagen hat.

Venus im Wassermann regiert die Fünf der Schwerter. Venus ist ein ungestümer, ruheloser Planet, bedeckt mit Kratern. Das Zickzackmuster am unteren Rand des Bildes steht für den Wassermann. Die ganze Umgebung ist neblig; es ist schwierig, die Orientierung zu finden.

Dies ist keine Zeit für Maßlosigkeit oder Selbstmitleid. Wenn eine Angelegenheit zum eigenen Nachteil ausgegangen ist, sollte die Niederlage mit Würde und Demut akzeptiert werden. Das Zurschaustellen von Selbstsicherheit ist sinnlos, wenn es bereits zu spät ist. Die Schwerter des Intellekts haben gegen die Sentimentalität der Venus und die Passivität des Wassermanns verloren.

Das Schlüsselwort dieser Karte ist **Schwäche.**

Sechs der Schwerter

Obwohl es oft schwierig ist, die Energie der Schwerter im Gleichgewicht zu halten, hat sich hier genau diese Qualität manifestiert. Die analytischen Fähigkeiten wurden optimal eingesetzt und schaffen eine Harmonie in Verstand und Intellekt, die frei von Maßlosigkeit ist.

Vom mittelalterlichen »Ei des Philosophen« wurde behauptet, daß es einen Vogel enthalte, der edler sei als alle anderen; das Ziel der Philosophie bestand darin, dieses Ei mit einem flammenden Schwert zu zerteilen. Also bezieht sich diese Karte auf den Intellekt, der bestens dafür ausgerüstet ist, Ideen in bezug auf Philosophie, Wissenschaft, Astronomie, Medizin und so weiter zu entwickeln.

Ein anderer Aspekt dieser Karte sind Reisen, vor allem Schiffsreisen. Dies zeigt sich in der astrologischen Position von Merkur im Wassermann, deren Symbole auf dem Segel des Schiffes zu erkennen sind. Das Schiff wird mit Hilfe der

Sterne navigiert, eine Huldigung an die Wissenschaft der Astronomie. Sowohl das Schiff als auch die beiden Schwerter in der Mitte stammen aus Ägypten, einst eine der wissenschaftlich progressivsten Kulturen der Welt.

Diese Karte deutet an, daß es sich um einen guten Zeitpunkt für eine Reise handelt, vor allem eine Schiffsreise. Der Nachthimmel, der den südlichen Horizont der nördlichen Hemisphäre zum Zeitpunkt von Merkur im Wassermann zeigt, weicht langsam der Morgenröte, was auf ein »Auftauchen aus der Dunkelheit« hinweist oder auf eine Periode der Stabilität nach einer unruhigen Zeit.

Das Schlüsselwort dieser Karte ist **geistige Klarheit.**

Sieben der Schwerter

*I*m Mittelpunkt des Bildes befindet sich ein großes Schwert, das von sechs kleineren umgeben ist. Dieses zentrale Schwert ist ein Dolch von tibetischem Design, wie er von Magiern benutzt wird, um sich damit gegen Dämonen zu schützen. Die Sieben der Schwerter bezieht sich auf Konflikte und Auseinandersetzungen, und wie man Kontrahenten beschwichtigen kann, ohne die eigenen Bedürfnisse zu kompromittieren.

Die um den Dolch geschlungene Figur ist ein vorchristliches Schutzsymbol. Doch sollte man in diesem Fall darauf achten, die Kraft nicht in die falsche Richtung zu lenken. Da es sich hier um eine Karte aus der Reihe der Schwerter handelt, ist es besser, möglichst seinen Verstand zu gebrauchen, auch im Falle einer starken Opposition, statt sich nur selbst zu schützen. Man sollte dabei aber direkte Konfrontationen vermeiden. Es gibt Ähnlichkeiten zwischen dieser Situation und der, die durch die Sieben der Stäbe dargestellt wird. Doch dort erfordert der Sieg nur Mut, während hier Klugheit und List notwendig sind.

Diese Karte wird vom Mond im Zeichen des Wassermanns regiert. Die intuitiven Kräfte des Mondes haben wenig Verständnis für das rationale Luftzeichen des Wassermanns und die mentale Ebene der Schwerter. Man kann erwarten, daß Probleme, Argumente und Pläne, die nicht ausreichend durchdacht waren, neu strukturiert werden müssen. Man sollte all sein Wissen in die Situation einbringen, möglicherweise auch auf unorthodoxe Weise.

Das Schlüsselwort dieser Karte ist **Opposition.**

Acht der Schwerter

*H*ier ist der Verstand durch die Dualität limitiert, eingeschränkt durch einen Mangel an Zusammenhang oder einheitlicher Vision. Die Schwerter bilden ein verschlossenes Tor und lassen damit eine Blockierung der Energie erkennen oder ein Hindernis, das durch einen Zufall oder ein Risiko auftreten kann.

Astrologisch deutet die Position von Jupiter in den Zwillingen darauf hin, daß die guten Dinge, die geschehen, zwar intensiv sein können, doch begrenzt und nur von kurzer Dauer sind. Die wohlwollende, expansive Natur des Jupiter wird durch den Richtungsmangel der Zwillinge aufgelöst. Kräfte werden verschwendet und Ideen vergeudet. Es mag zwar vereinzelt erfolgreiche Ideen geben, doch wird es sich dabei meistens um einsame Erfolge handeln, ohne eine übergeordnete Kontinuität, die sie miteinander verbindet, so wie es auf dem Bild durch die Schwerter dargestellt wird, die alle unterschiedlich sind. In diesem Fall schwächt Vielfalt den Bereich des Intellekts.

Die Hieroglyphen über dem geschlossenen Tor illustrieren den negativen Einfluß des gespaltenen Zwillings-Verstandes. Links und rechts befinden sich die Zwillinge *Schu* und *Tefnut,* die Zwillingsseelen oder Polaritäten innerhalb jedes Menschen. Schu und Tefnut waren zwei der ursprünglichen ägyptischen Götter, Kinder des Sonnengottes Ra, doch später wurden die von ihnen repräsentierten Prinzipien durch Horus und Bastet ausgedrückt. Daher sind neben ihnen das Auge des Horus und die Katzengottheit Bastet dargestellt. Sie sind durch das zentrale kombinierte Zeichen für Jupiter in den Zwillingen voneinander getrennt.

Mangel an Beharrlichkeit und ungünstige Zufälle bringen Probleme, doch der Einfluß von Jupiter sorgt dafür, daß zumindest ein paar kleine Siege errungen werden.

Das Schlüsselwort dieser Karte ist **Einmischung.**

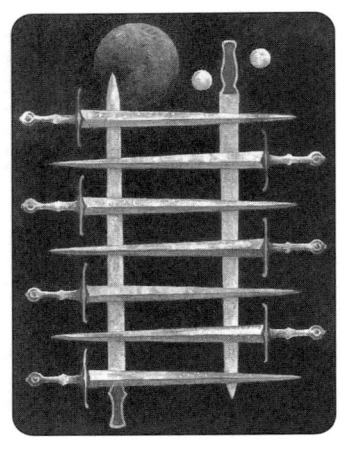

Neun der Schwerter

Die Schwerter sind so arrangiert, daß sie eine Leiter bilden. In alten Kulturen gab es eine Tradition, bei der sich die Schamanen oder Medizinmänner bestimmten Initiations-Ritualen und Prüfungen unterziehen mußten, bevor sie ihrer schamanischen Berufung folgen konnten. Eine dieser Prüfungen bestand darin, eine Leiter aus Schwertern hinaufzusteigen, bei denen die Klingen nach oben zeigten. Dieses ritualisierte Annehmen von Schmerz spiegelt die Vorstellung, daß der Medizinmann die physischen und psychischen Krankheiten der Menschen seiner Gesellschaft absorbieren muß, die zu heilen er sich verpflichtet hat. Dieser schmerzhafte Aufstieg war einem Martyrium vergleichbar, besaß darüber hinaus jedoch auch ein Element selbstauferlegter Bereitschaft, Schuld und Selbstquälerei auf sich zu nehmen.

In dieser Karte befindet sich Mars in den Zwillingen, und das ist keine glückliche Kombination. Mars ist der einzige

Planet unseres Sonnensystems, der zwei Monde hat, was hier zu einem Symbol für die Dualität wird, die in Verbindung mit einem Luftzeichen besonders stark wirkt. Es besteht ein Mangel an Konzentration und die Gefahr des Schwelgens in negativen Gedanken. Die Betonung liegt mehr auf geistigen Qualen als auf körperlichem Leiden.

Diese Karte ist tatsächlich ein Symbol für Angst. Die Prüfung des Schamanen soll seinen Geist stärken und fokussieren. Er muß seinen Ängsten ins Gesicht schauen: der Angst vor dem Versagen, der Furcht vor Isolation und Einsamkeit. Er darf sich nicht gestatten, in Selbstmitleid zu versinken oder – noch schlimmer – in Schuldgefühlen. Schuldbewußtsein in bezug auf Ereignisse aus der Vergangenheit kann eine sehr schädigende Wirkung auf den Geist haben, der versucht, sein Ziel zu verfolgen (oder die Leiter hochzuklettern). Diese negativen Gedankenmuster und Selbstquälereien müssen aufgelöst werden.

Das Schlüsselwort dieser Karte ist **Verfolgung.**

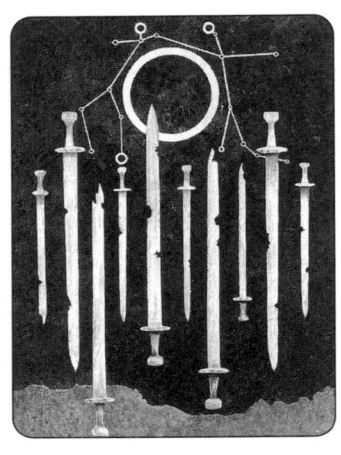

Zehn der Schwerter

Wenn man mit der Zehn der Schwerter konfrontiert ist – in jeder Hinsicht eine sehr destruktive Karte –, ist dies der richtige Zeitpunkt, sich daran zu erinnern, daß man nicht hoffnungslos einem allmächtigen Schicksal ausgeliefert ist. Selbst wenn die Einflüsse in unserem Umfeld nicht gut sind, können wir immer noch durch entsprechende Schritte die Situation verändern und die richtigen Entscheidungen treffen. Doch alles in allem stellt diese Karte einen ausgesprochen negativen Einfluß auf die Situation des Betreffenden dar.

Die Sonne steht in den Zwillingen, dem Zeichen der Dualität und des gespaltenen Geistes. Die Konstellation zeigt die Zwillinge am Himmel, doch im Zentrum der Sterne befinden sich schwarze Löcher. Die Sterne kollabieren in ihrem Kern, ein Zustand, der sogar auf die Sonne selbst Auswirkungen hat.

Die Landschaft ist vollkommen öde, ohne Leben oder Vegetation. Die Schwerter, alle mit zweischneidiger Klinge, sind schartig, angebrochen und nicht mehr brauchbar. Die geistigen Fähigkeiten sind nicht mehr voll einsetzbar. Hüten Sie sich vor unbeherrschten Gedanken.

Der einzige Lichtblick bei der Zehn der Schwerter ist der, daß es jetzt nur noch besser werden kann, da die Krise ihren Höhepunkt erreicht hat – so wie die Sonne zur Wintersonnenwende in der längsten Dunkelheit des Jahres den Anfangspunkt ihrer Erneuerung erreicht hat und ihren Kreislauf zum Frühling beginnt. Doch vorherrschend ist das negative Bild des Scheiterns, des Ruins und des geistigen oder sozialen Zusammenbruchs.

Das Schlüsselwort dieser Karte ist **Vernichtung.**

König der Schwerter

Der König reitet auf einem Pferd und schwingt ein großes Schwert. Im unteren Bereich des Bildes befinden sich ein Schild und eine Inschrift: *Rex quondam et futurus,* der einstige und künftige König. Dieser Spruch wird in Europa der Legende von König Arthur zugeschrieben, doch taucht er auch in anderen, weniger bekannten Mythen verschiedener Kulturen auf, deren Könige zurückerwartet werden, um erneut die Herrschaft zu übernehmen. Der grundlegende Gedanke ist der des Monarchen, der in Zeiten der Not zurückkommen wird, um Ordnung und Harmonie wiederherzustellen, wo Aufruhr und Konflikt herrschen. Dies ist die Rolle des Königs der Schwerter.

Wahres Gleichgewicht kann nur erreicht werden, wenn die Emotionen ausgeglichen sind. In der Regel ist der König ein männliches Feuersymbol und das Schwert ein männliches Luftsymbol. Das Schwert Excalibur wurde jedoch aus einem Stein gefertigt, der Mutter Erde repräsentiert – ein weibliches Element –, und dann in den See zurückgeworfen, wobei das Wasser ein zusätzliches weibliches Element darstellt. Dieses Gleichgewicht der Elemente ist der Grund, warum König Arthur eine solch machtvolle Persönlichkeit war. Normalerweise kann man die Kombination von Feuer und Luft mit einer Kraft vergleichen, die trocken und schnell ist, wie ein Sturm, der eine Zeitlang über das Land rast und dann verweht ist. Doch das weibliche Element in der Mythologie von Excalibur erlaubt es dem König der Schwerter, einen länger anhaltenden, tieferen Einfluß auf die Dinge zu haben. Dieses Gleichgewicht von männlich und weiblich ist durch die beiden verbundenen Dreiecke auf dem Schild ausgedrückt.

Unter den Hofkarten repräsentiert der König der Schwerter das Sternzeichen Zwillinge, das der Luft zugehört. Obwohl dieses Zeichen für seine Unentschlossenheit bekannt ist, ist es genau diese Fähigkeit, beide Seiten einer Sache zu sehen, die es dem Zwillinge-König ermöglicht, eine objektive Einschätzung der Umstände vorzunehmen.

Das Schwert des Königs kreuzt horizontal den Hals seines Pferdes. Dies erinnert an das Ritual des Ritterschlags. In dieser Zeremonie wird durch die Berührung beider Schultern mit dem Schwert eigentlich eine Enthauptung symbolisiert. Da man den Kopf als Sitz des wahren Selbst verstand, drückt diese Geste die Bedeutung der Selbstlosigkeit innerhalb des ritterlichen Kodex aus. Wenn es darum geht, Entscheidungen zu treffen, führt nur Selbstlosigkeit zu Objektivität. Demut kommt auch durch die Tatsache zum Ausdruck, daß der König keine Krone trägt und sich kaum von einem gewöhnlichen Ritter unterscheidet. Sein starkes, agiles Pferd reflektiert die Mobilität des Königs und die Schnelligkeit seines Denkens.

Das feine Muster an den Rändern des Bildes entspricht dem Symbol der Zwillinge. Es gibt dem König Rahmen und Struktur, so wie er sie in seiner Welt schafft, mit seiner Klugheit, Flexibilität und Objektivität.

Bei einer Auslegung kann diese Karte anzeigen, daß im Berufsleben ein Kollege oder Vorgesetzter bei einer Entscheidung helfen wird, vor allem in Geschäftsangelegenheiten oder bei juristischen Fragen.

Das Schlüsselwort dieser Karte ist **Urteil.**

Königin der Schwerter

Da sie Wasser (Königin) und Luft (Schwerter) verbindet, ist diese Herrscherin besonders einfühlsam. Sie ist stark genug, diese beiden unterschiedlichen Elemente zu vereinigen, doch sie zahlt einen Preis dafür. Sie ordnet ihre emotionale Seite ihrem vor Geist sprühenden Intellekt unter. Sie gebietet über und verbindet die beiden Brunnen, die das Zeichen der Waage bilden. Waage ist der astrologische Herrscher dieser Karte.

Sie ist im Grunde genommen eine Einzelgängerin. Sie mag eine Frau sein, die Ehe und Mutterschaft ihrer Karriere opfert. Sie weiß, was Verlust bedeutet, Trennung, vielleicht auch Witwenschaft. Sie ist alleine, weil sie so perfektionistisch ist.

Ihr Helm oder ihre Krone ist aus Vogelflügeln. Vögel sind ihre Verbündeten. Sie repräsentieren ihre hohen Ideale, ohne flatterhaft zu sein. Der riesige, weißköpfige Rabe über ihr ist eine alchemistische Metapher, in der sich Schwarz dem Weiß unterwirft. Schwarz repräsentiert die Dunkelheit von Angst und Ignoranz. Die Königin der Schwerter befreit den Geist, indem sie die Täuschung der Gedanken durchschaut. Daher kann sie das Undenkbare konfrontieren. Sie fürchtet sich vor nichts.

Sie kann grausam oder egoistisch erscheinen. Sie ist jedoch nur grausam, wenn es zur Herstellung des Gleichgewichts erforderlich ist. Sie ist nicht sentimental. Das Weibliche ohne Gefühl ist für den Mann eine Figur des Schreckens, wie in der »schrecklichen Mutter« Kali. Das sieht man auch daran, daß die Pik-Königin (das Äquivalent zur Königin der Schwerter bei modernen Spielkarten) noch immer als Unglückskarte oder schlechtes Omen betrachtet wird.

Alchemistisch gesehen triumphiert die Luft über das Wasser. Selbst die Waffe der Königin sieht wie eine Mondsichel aus, die gehämmert oder gebogen wurde, um das analytische Schwert des Intellekts zu schaffen.

Das Schlüsselwort dieser Karte ist **Objektivität.**

Bube der Schwerter

Schwerter und Buben stehen beide für Luft, daher entspricht dieser Bube zweifacher Luft, und in dieser Situation ist dies eher mit Schwierigkeiten als mit Vorteilen verbunden. Obwohl er klug und intelligent ist, fehlt seinem ausgeprägten Intellekt doch die Erdung. Er verliert sich im ätherischen Reich der Pläne, Ideen und Gedanken. Die Komplexität des Lebens wird von ihm zu reinen Formeln reduziert.

Dieser Bube repräsentiert das Zeichen des Wassermanns. Er läßt sich leicht vom Wind des Schicksals (dem Agenten der Luft) davontragen. Von unschuldiger Natur, fällt es ihm schwer, eine bestimmte Richtung zu verfolgen – außer durch Zufall. Seine Augen sind geschlossen. Er ist ein Visionär in seinen Gedanken, doch es fällt ihm schwer, seine Pläne in den wirbelnden Nebeln der realen Welt um ihn herum zu manifestieren.

Die präzisen Meßinstrumente auf dieser Karte passen gut zu seiner analytischen und rationalen Natur, doch ohne Richtung und Zentrum müssen seine Versuche, Strukturen zu erschaffen, fehlschlagen. Auf seinem Schild ist das Zeichen des Wassermanns sichtbar, außerdem ein Blitz, Symbol der Inspiration, die kurz aufflammt und vergeht.

Der Bube der Schwerter kämpft darum, seine merkurischen, launenhaften und kreativen Fähigkeiten unter Kontrolle zu bringen und produktiv einzusetzen.

Das Schlüsselwort dieser Karte ist **Labilität.**

DIE SCHEIBEN

As der Scheiben

*D*as As der Scheiben ist die Wurzel der materiellen Welt, die Essenz des Elements Erde. Es hat sich durch die anderen Elemente hindurch materialisiert (manche meinen vergröbert), um diese Ebene zu erreichen. Der in der Mitte abgebildete Vogel weist auf den Abwärtsflug einer Kraft, die kristallisiert und festigt. Die Blitze erinnern an den Funken, aus dem die Kraft kam, so wie alle materiellen Erscheinungsformen das Resultat einer ursprünglichen Idee sind.

Das Ganze hat die Form eines Medizinrades; wie ein Schild repräsentiert es die Aspekte des Schützens und Bewahrens, die in dieser Karte zum Ausdruck kommen. Durch die vier Tipis an den vier Elementpunkten des Medizinrades wird auch das Erbauen eines Hauses dargestellt. Jedes der Tipis trägt ein Symbol des Elements, aus dem es gefertigt wurde.

Die runde Form macht es möglich, das Bild umzudrehen, so daß der Vogel in die Höhe fliegt statt nach unten. Das As der Scheiben vertritt die potentielle Kraft der materiellen Welt (zum Beispiel Geld, Reichtum, Grundbesitz, Vermögen). Sie kann für gute oder schlechte Zwecke benutzt werden, entsprechend den Vorstellungen derer, die über diese Macht verfügen.

Am Medizinrad hängen neun Federn, denn im As ist der Samen für die anderen neun Karten aus der Reihe der Scheiben enthalten. Die Federn spiegeln sich wider in den Symbolen am oberen Rand des Bildes, die traditionell mit Fruchtbarkeit assoziiert werden.

Das Schlüsselwort dieser Karte ist **Materialismus.**

Zwei der Scheiben

Wie eine traditionelle Spielkarte ist die Zwei der Scheiben so aufgebaut, daß sie umgedreht werden kann und dann fast dasselbe Bild zeigt. Schwarz wird weiß, hell wird dunkel, und so gewiß, wie sich der Winter in den Sommer verwandelt, ist die Welt ein kontinuierliches Spiel der Gegensätze. Durch Bewegung wird das Gleichgewicht hergestellt.

Dies ist der Beginn einer Bewegung. Oft wird eine zu einer liegenden Acht geschlossene Schlange mit der Zwei der Scheiben assoziiert, was auf Unendlichkeit hindeutet. Doch das hier verwendete etwas offenere Design gibt der Schlange Bewegung, legt die Betonung auf den Wellencharakter des Lebens und entspricht auch der tatsächlichen Fortbewegungsart von Schlangen.

Jede Scheibe trägt ein mit einem Dreieck kombiniertes Pentagramm. Sie können sowohl aktiv wie passiv sein, positiv wie negativ, je nachdem, wie man das Bild betrachtet.

Die Polarität ist deutlich sichtbar. Die I-Ging-Zeichen für das Männliche *(Ch'ien)* und das Weibliche *(K'un)* in Schwarz und Weiß verstärken noch diesen Gedanken. Wo Energien einander gegenüberstehen, ist die Möglichkeit für Fortschritt meist begrenzt. Dies ist eine Periode vielfältiger Erfahrungen und sollte als eine Zeit des Lernens betrachtet werden, bevor man dauerhafte Entscheidungen trifft.

Oben rechts sehen wir den Planeten Jupiter und unten links das Zeichen für den Steinbock. Diese beiden bringen in der Regel Glück, doch in Grenzen, weil eine Situation sich in eine völlig andere verwandeln oder umkehren kann. Da die Dinge aber äußerlich im Fluß sind, wird innere Stabilität die Folge sein.

Wenn die Zwei der Scheiben bei einer Auslegung erscheint, kann das bedeuten, daß finanzielle Mittel für neue Projekte verfügbar werden und daß Geld nicht angehäuft und gehortet werden sollte. Dies ist eine Zeit, um in Fluß zu bleiben und Dinge zu wagen, nicht für Konservatismus. Es besteht die Möglichkeit von Geschäftsreisen. Das Gefühl von Fluktuation kann geringfügige Probleme mit sich bringen, die jedoch nicht unüberwindbar sind.

Das Schlüsselwort dieser Karte ist **Veränderung.**

Drei der Scheiben

Auf der Karte ist ein Fenster aus buntem Glas mit drei Scheiben und einer Pyramide zu sehen. Die Zahl Drei repräsentiert die Realisierung von Plänen oder Ideen, und in der Reihe der Scheiben steht sie für konstruktiven Aufbau. Das bunte Glasfenster läßt das Licht hindurchscheinen, während es gleichzeitig dem Betrachter seine Botschaft vermittelt.

Am kabbalistischen Baum des Lebens symbolisiert der dritte Bereich, Binah, die illuminierende Intelligenz. Das ganze Bild weist auf Selbsterkenntnis oder Erleuchtung durch Aufbau, durch handwerkliche Tätigkeit oder subtile Arbeit, vielleicht an einem kleinen Detail innerhalb eines größeren Projektes wie zum Beispiel einer Kathedrale oder Pyramide. Das Fundament ist gelegt, und jetzt kann der Handwerker damit beginnen, die ursprüngliche Idee umzusetzen.

In der Pyramide ist das Zeichen des Sufi-Handwerkers zu sehen, während das Symbol für Mars im Steinbock die drei Scheiben ziert. Der dynamische Aspekt des Mars ist ehrgeizig, doch in diesem Zeichen sehr diszipliniert.

Das Schlüsselwort dieser Karte ist **Aufbau.**

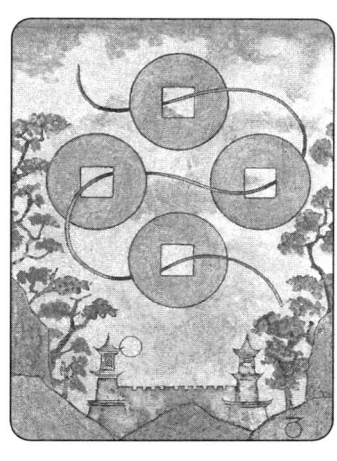

Vier der Scheiben

Die Zahl Vier symbolisiert die Erde – wie die Scheiben auch –, was diese Karte zu einer doppelten Erdkarte macht. Sie weist auf wenig Bewegung hin und wehrt sich gegen Veränderungen. Die Sonne im Steinbock sichert Erfolg bei materiellen Ambitionen, bringt jedoch auch Einschränkungen mit sich. Es besteht hier die Tendenz zur Schaffung von übermäßig starren Strukturen und zu einer zu starken Organisation der Umgebung.

Die vier Scheiben auf dem Bild haben die Form chinesischer Geldstücke. In ihrem Zentrum befindet sich ein viereckiges Loch, das für innere Rechtschaffenheit steht, während der äußere Rand rund ist, was auf eine reibungslose Abwicklung äußerer Angelegenheiten hinweist. Diese Kombination ist oft bei cleveren Geschäftsleuten oder Finanzmanagern anzutreffen, doch gibt es darüber hinaus wenig Anhaltspunkte für positive Qualitäten.

Traditionell wurden diese Münzen als Amulett oder schützender Talisman an einer Schnur oder Kette um den Hals getragen, vergleichbar mit dem Versuch, materiellen Wohlstand als Schutz vor den harschen Gegebenheiten der äußeren Welt zu benutzen. Diese Kette kann jedoch zu einer Fessel werden, die einen an materielle Habsucht kettet.

Die beiden Wachttürme, die Wache halten über unser weltliches Hab und Gut, bilden eine Festung um uns herum. Sicherheit kann zu einem Feind der Freiheit werden. Die Konzepte von »Gesetz und Ordnung« werden übertrieben und verzerrt. Hier zeigt sich der Beginn des Gebundenseins an materielle Dinge.

Das Schlüsselwort dieser Karte ist **Besitz.**

Fünf der Scheiben

Die Fünf, die in der Regel als destruktiv betrachtet wird, hat in Wahrheit einen konstruktiven Zweck, nämlich das zu eliminieren, was nicht länger notwendig oder brauchbar ist. Hier bringen die fünf Scheiben große Belastungen und materiellen Verlust, eine kritische Situation im materiellen Bereich.

Die beiden oberen Scheiben tragen die Zeichen von Merkur und Stier, zwei stark konträre Energien, die nur schwer in Übereinstimmung zu bringen sind. Die Beweglichkeit von Merkur in Verbindung mit dem erdgebundenen Stier weist auf eine große Veränderung im materiellen Bereich hin, wahrscheinlich eine negative Entwicklung, zumindest für den Moment. Die Situation scheint zu bedeuten, daß man ein paar Schritte zurückgehen muß, um dann einen Sprung nach vorne machen zu können.

Die beiden mittleren Scheiben zeigen die »Hand mit dem

Auge«. Dies ist das Auge der Gnade in der Hand der tibetischen Taras und Bodhisattvas. Das Leid wird nicht unüberwindlich sein. Dieses Symbol repräsentiert gleichzeitig die Wunden des gekreuzigten Jesus, sein Leiden und seinen Abstieg in die Hölle, bevor er wieder auferstand. Der Schatten des Kreuzes ist deutlich sichtbar.

Die unterste Münze zeigt das nach unten gerichtete Dreieck des Abstiegs, während der Adler die Macht des Aufstiegs repräsentiert, die ein Teil dieser Situation ist, zu deren Realisierung jedoch ein starker Geist erforderlich ist.

Das umgekehrte Pentagramm symbolisiert die Instabilität des materiellen Lebens und das Überwiegen finanzieller Sorgen, die den Verstand beherrschen und den Geist unterjochen.

Es sind einige Ähnlichkeiten zur Karte des Gehängten erkennbar, die ebenfalls Abstieg, Leid und Opfer symbolisiert. Die Fünf der Scheiben bezieht sich jedoch auf einen wesentlich profaneren Bereich. Die Schwierigkeiten sind rein materieller oder finanzieller Natur. Diese Probleme können dazu führen, daß die Ketten reißen, mit denen man gefesselt war.

Das Schlüsselwort dieser Karte ist **Mühsal.**

Sechs der Scheiben

Die Sechs leitet normalerweise eine Periode des Erfolgs ein. In der Reihe der Scheiben bedeutet dies, daß nach diversen Anstrengungen im materiellen Bereich etwas zur Vollendung gebracht wird. Die Kombination von Mond und Stier in dieser Karte sorgt für Erfolg in weltlichen Angelegenheiten. Das Erdzeichen Stier bringt durch harte Arbeit und Anstrengungen die fließende Qualität des Mondes auf die Erde.

Die Scheiben auf dieser Karte stehen in Bezug zu einer Legende, die wunderbar die Realisierung einer Idee auf der materiellen Ebene widerspiegelt. In diesem Fall war die »Idee« das Christentum. Der Sage nach schlief Kaiser Konstantin eines Nachts im Jahre 312 n. Chr. vor einer wichtigen Schlacht gegen den Tyrannen Maxentius in seinem Zelt. In einer Vision sah er ein großes Kreuz am Himmel, auf dem die Worte standen: »In diesem Zeichen wirst Du siegen.« Das inspirierte ihn dazu, das Kreuz auf seinem kaiserlichen Banner anbringen zu lassen, und unter diesem Banner errang er einen totalen Sieg über seinen Gegner. Also wurde das Zeichen des Kreuzes ein Symbol für Rettung und Sieg durch Christus. Das war der Beginn des Christentums in einer Welt, in der es sich vordem nicht hatte durchsetzen können.

Das Zeichen des Kreuzes wurde zu jener Zeit meist durch die beiden griechischen Buchstaben X (Chi) und P (Rho) gebildet, die beiden ersten Buchstaben der griechischen Version des Namens Christus. Es gab viele Variationen dieses Symbols, und die sechs Scheiben zeigen sechs verschiedene Beispiele.

Das ganze Bild wirkt wie ein militärisches Banner, das blutrote Feld löst sich oben und unten in schwarze und weiße Linien auf. Aus dem Kampf wird Ordnung geboren.

Bei der Deutung der Karte ist das Erreichen materiellen Wohlstands nach einer Periode der Mühen und Schwierigkeiten angezeigt, oder auch die Wiederherstellung des Glaubens und eine neue Großzügigkeit des Geistes, die bisher zumindest teilweise gefehlt hatte.

Das Schlüsselwort dieser Karte ist **Wiederherstellung.**

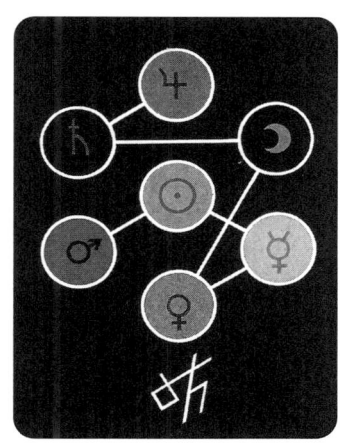

Sieben der Scheiben

Die Scheiben tragen hier die Zeichen der sieben klassischen heiligen Planeten. Die Sonne ist im Zentrum, so wie es in jedem Sonnensystem sein sollte; doch die Struktur und Bewegung der hier zu sehenden Geometrie ergibt kein ausgewogenes Bild von Himmelskörpern, die harmonisch um einen Mittelpunkt kreisen. Statt dessen herrscht ein aus dem Gleichgewicht geratenes, unregelmäßiges Muster vor, das dem Diktat des Farbspektrums von Rot bis Violett folgt. Dies steht im Einklang mit dem Gesetz der Sieben, das auf allen Existenzebenen gilt, von der subtilsten bis hin zur gröbsten. Dies ist auch der Grund, warum die Zahl Sieben in so vielen unserer Systeme zu finden ist, wie zum Beispiel im Farbspektrum, bei der Notenskala und bei den Wochentagen.

Das Gesetz der Sieben weist darauf hin, daß alle Bewegungen im Leben eine Aneinanderreihung irregulärer Entwicklungen von einer Stufe zur nächsten sind. Manche Entwicklungsschritte – bei denen eine Veränderung im Bewegungsmoment auftaucht – sind von besonderer Bedeutung, wie innerhalb einer Oktave, wo der Abstand zweimal nur einen Halbton anstatt einen Ganzton beträgt, was man auch die »schwachen Punkte« einer Oktave nennt. Dies ist sowohl allegorisch als auch wörtlich zu verstehen. Während wir ein Ziel anstreben, egal ob groß oder klein, gibt es irgendwann einen kritischen Punkt, an dem das Bewegungsmoment schwächer wird. In diesem Augenblick besteht die Gefahr, daß wir von der Richtung, die wir eingeschlagen hatten, mehr oder weniger abweichen. Das ist die Essenz dieser Karte: eine Schwächung des Willens in bezug auf die Erledigung der Aufgabe, die wir uns gestellt haben.

Die Scheiben sind von Schwärze umgeben. Man hat hier das Gefühl, im Dunkeln zu sein und ohne eine Vorstellung davon, wie man das, was man begonnen hat, zu Ende führen kann. Die sich durch die Scheiben ziehende Struktur ist schief und instabil. Der Verstand schwankt von einer bunten Seifenblase zur nächsten; es gibt keine dominierende Farbe, keinen Sinn oder Fokus, keine klare Richtung.

Das Zeichen am unteren Rand der Karte repräsentiert Saturn im Stier. Stier kann entweder hart arbeiten oder faul sein, doch das Gewicht des Saturn ruft hier eher die Trägheit hervor. Fortschritt geschieht nur langsam. Versagen stellt sich ein als Folge der Unfähigkeit, Konzentration und ein Gefühl von Sinnhaftigkeit aufrechtzuerhalten. Es gibt Anzeichen für einen Leistungsrückgang und negative Resultate aufgrund nachlässig ausgeführter Arbeiten.

Schlüsselwort dieser Karte ist **Mangel an Entschlußkraft.**

Acht der Scheiben

*I*n der Regel steht die Acht für eine Konzentration oder sogar ein Zuviel an Energie innerhalb der Reihe, in der sie erscheint. Hier, in der Reihe der erdbetonten Scheiben, weist sie auf eine ausgeprägte Sensibilität für die Details und die unglaubliche Vielfalt der natürlichen Ausdrucksformen hin. Dies zeigt sich in den vielen verschiedenen Blattformen, die um die Scheiben herum dargestellt sind. Auch die Menschheit hat eine enorme Vielfalt kultureller Ausdrucksformen und die verschiedensten Religionen entwickelt, die ihren kulturellen und ethnischen Unterschieden entsprechen. Unzählige Kriege sind im Namen der Religion ausgefochten worden, wobei die Anhänger verschiedener Glaubensrichtungen einander bekämpft haben und jede Gruppe so unnachgiebig ihre eigene kulturelle Sichtweise verteidigte, daß sie die zugrundeliegende Wahrheit aus den Augen verlor, die der gemeinsame Kern aller spirituellen Systeme ist.

Das zentrale Bild hier ist die Rose, seit Jahrhunderten ein Symbol für die weiblichen Geschlechtsorgane, für das lebensspendende Blut der Gebärmutter und für weibliche Selbsterkenntnis. Auch dem Rosenkranz gab sie seinen Namen. Auch hier wieder stellen wir fest, daß im Kern exoterischen religiösen Dogmas matriarchale Weisheit verborgen liegt. Der Rosenkranz der Scheiben umschließt die Rose und trägt die Darstellungen vieler verschiedener religiöser Pfade: das Schriftzeichen für Wasser, Symbol des Taoismus, Stern und Halbmond des Islam, das Kreuz des Christentums, das konfuzianische Zeichen ehelicher Liebe, das Feuer des Zoroaster, das OM des Hinduismus, der sechszackige Stern des Judentums und das Rad des Buddha.

Unter dem Rosenkranz befindet sich das Zeichen der Sonne in der Jungfrau. Die Sonne ermöglicht es der ordnenden Sensibilität der Jungfrau, ihre ganze Aufmerksamkeit auf die kleinen, aber wichtigen Details des Lebens zu richten, genauso wie die Natur sich um jedes noch so winzige Blatt kümmert, von denen jedes eine Welt für sich darstellt.

Die vorliegende Situation bedarf jedoch des Gleichgewichts. Es besteht die Gefahr, sich so sehr in der Perfektionierung der kleinen Dinge zu verlieren, daß die größere Perfektion des Lebens selbst entweder übersehen oder als gegeben hingenommen wird. Es kann sein, daß man den Kopf mit Tausenden kleiner Ablenkungen voll hat und sich nicht den grundlegenden Problemen der eigenen Existenz stellt.

Das Schlüsselwort dieser Karte ist **Mikrokosmos.**

Neun der Scheiben

*J*ede der neun Scheiben weist die geometrische Form des neunzackigen Enneagramms auf. Die oberste Form ist perfekt, eine ausgewogene Struktur von drei Dreiecken. Die anderen Enneagramme enthalten absichtliche Unvollkommenheiten[2]. Ihre Bedeutung ist folgendermaßen: Das Dreieck repräsentiert die reine Essenz oder Seele, und die sechsseitige Figur symbolisiert die Menschheit. Es ist Aufgabe der Menschen, ihre inneren und äußeren Charakteristika (∇ und ∆), ihre weiblichen und männlichen Aspekte, miteinander zu verschmelzen, um »ganz« zu werden. In den unteren Enneagrammen ist dieses Ziel noch nicht erreicht – sie weisen auf die Arbeit hin, die wir noch leisten müssen. Die oberste Scheibe symbolisiert Perfektion, die Menschheit im Einklang mit dem Göttlichen. Diese Verschmelzung zeigt sich auch in dem sechszackigen goldenen Stern.

Die neun Scheiben sind entsprechend dem Baum des

Lebens³ angeordnet, abgesehen davon, daß der unterste Teil – Malkuth oder die Erde – nicht dargestellt ist, so daß die Aufwärtsbewegung betont wird, das Wachsen hin zur Ganzheit und zur Realisierung unseres vollen Potentials.

Diese Karte wird von Venus in der Jungfrau regiert, eine Kombination, die Gutes verheißt in bezug auf die Organisation und Erledigung materieller Angelegenheiten. Persönliches Wachstum wird durch Umgang mit der Materie, durch handwerkliche Arbeit und Geschicklichkeit erreicht. Weltliche, erdbetonte Arbeit wird als Basis für innere Entwicklung benutzt. Es herrscht in erster Linie eine Stimmung von Fortschritt, von natürlicher Evolution der Seele hin auf die ihr zustehende harmonische Stufe.

Die Tibeter kennen eine Ebene der Existenz zwischen den Inkarnationen, wo die Seele beurteilt und ihr weiterer Entwicklungsweg gewählt wird. Das Mantra *Om Mani Padme Hum* ist ein Mittel, um die Seele aus dieser Ebene (dem *Chonyd Bardo*) zu befreien, und dient somit als Hilfsmittel zur Evolution. Die tibetische Schreibweise tritt unter den Scheiben aus dem sie umgebenden roten Chaos hervor.

Außerdem kann man die Doppelhelix der DNS erkennen, die den genetischen Code symbolisiert, der alle Informationen des Lebens inklusive dem Bardo beinhaltet. Das heißt, daß das potentielle spirituelle Wachstum des Menschen bereits in den subtilen Bereichen der Molekularstruktur seiner DNS festgelegt ist. Die Entwicklung des Selbst, das Erblühen von Selbsterkenntnis, ist Teil des genetischen Programms, daher sollte man sich bewußt darauf zubewegen.

Dabei handelt es sich um ein geistiges Geburtsrecht, daher ist das Schlüsselwort dieser Karte **Erbe** oder **Erbschaft.**

Zehn der Scheiben

Die Zahl Zehn kündigt die Vollendung eines Zyklus an und somit gleichzeitig den Beginn des nächsten. In der Reihe der Scheiben ist die materielle Welt schließlich »profan« geworden. Man hat all ihren Reichtum ausgedrückt und erlebt, doch jetzt besteht das Verlangen nach etwas, das sowohl höher als auch tiefer ist – nämlich nach wahrem Wissen.

Wissen wird hier durch eine tantrische Form symbolisiert, das *Shakta Yantra*. Diese besonderen zehn Yantras werden die »Zehn Mahavidyas« (Großes Wissen) genannt. Mit ihnen richtet man den meditativen Prozeß auf die zehn unterschiedlichen Aspekte der Göttlichen Mutter, die sich bei verschiedenen Gelegenheiten manifestiert haben. Dies sind: *Bagla Mukhi, Shodashi, Tara, Chinnamasta, Dhumavati, Bhuvaneshvari, Matangi, Bhairavi, Kali* und *Kamla*. Die Konzentration auf diese Yantras macht es möglich, sich von materiellen Werten zu distanzieren und zu einer höheren Ebene aufzusteigen.

Die abgebildeten Vögel, Boten des Aufstiegs, sind die schwarzen Krähen von Dhumavati, der hexengleichen Göttin, deren Erscheinung denen zuwider ist, die in der Illusion irdischen Reichtums gefangen sind, jedoch einen Kanal subtiler Erleuchtung für Menschen darstellt, die sich auf dem geistigen Pfad befinden. Der große Vogel in der Mitte ist derselbe, den wir schon im Zentrum des As der Scheiben gesehen haben. Das As beinhaltet die Samen der anderen neun Karten, und hier besagt die Zehn, daß der Prozeß vollendet ist.

Die astrologische Kombination von Merkur in der Jungfrau ist eine zusätzliche Hilfe bei diesem Prozeß. Die Jungfrau organisiert hier den weltlichen Bereich mit all der Geschwindigkeit und Beweglichkeit, die Merkur ins Spiel bringt. Der materielle Bereich ist so gut geordnet, daß nichts mehr zu wünschen übrig bleibt.

Das Schlüsselwort dieser Karte ist **Transzendenz.**

König der Scheiben

Der König der Scheiben zeigt uns die kombinierte Energie von Feuer und Erde, wobei die Bewegung der Erde Leben hervorbringt.

Die tanzende Figur auf dieser Karte ist ein archetypischer Schamane. Ein Schamane wird zwar üblicherweise nicht als König betrachtet, doch zweifellos ist er einer. Er ist der König der Natur. Im Bereich der Scheiben, die die Erde repräsentieren, mag der Schamane mit seiner Fähigkeit, den Körper und die materielle Ebene zu verlassen, als zu »weltfern« und überirdisch erscheinen, um ein Symbol für die Erde darzustellen; doch es ist gerade seine Dominanz über die Welt der Materie, seine vollständige Einheit mit ihr, die ihm diese besondere soziale und spirituelle Funktion gibt. Diese Einheit wird durch das astrologische Zeichen der Jungfrau widergespiegelt, die den König der Scheiben regiert: Sie ist die Verkörperung praktischer Fähigkeiten, eines praktischen Verstandes und des Wissens um die Vorgänge in der Natur.

Der Schamane heilt mit Pflanzen. Er spricht mit den Geistern des Tierreichs. Er reist in die »Anderswelt« mit der Absicht, etwas Wertvolles in die materielle Welt zurückzubringen: Wissen, die Kraft zu heilen, Lösungen für irdische Probleme. Obwohl er eine geheimnisvolle Erscheinung ist, ist er kein »Luftikus«. Die Elemente hier sind Erde und Feuer, nicht die intellektuelle Ebene des Schwertes oder die Verträumtheit des Wasserelements. Seine Intuition hat ihre Wurzeln in praktischen Tatsachen, und seine Stellung in der Gesellschaft hängt ausschließlich von seinem konkreten Erfolg in der materiellen Welt ab: gute Ernten zu ermöglichen, die Kranken zu heilen und in jeder Beziehung seinen Mitmenschen zu helfen, mit den Problemen der Natur fertig zu werden.

Die abgebildeten Vögel sehen aus wie jene, die er auf seine eigenen Kleider oder seinen Körper malen würde, damit sie ihm bei seinem Flug zu höheren Ebenen und bei der sicheren Rückkehr auf die Erde helfen.

Könige implizieren Macht und Bewegung und werden in der Regel auf dem Rücken eines Pferdes oder mit einem Pferd abgebildet. Der König der Scheiben ist da keine Ausnahme, denn seine Scheibe ist eine Schamanentrommel, mit Pferdehaut bespannt, die das »Geisterpferd« repräsentiert, auf dem er in die Geisterwelt reitet. Er schlägt einen Rhythmus auf der Trommel, der den Hufschlägen entspricht und der ihn schließlich in einen allwissenden Trance-Zustand bringt.

Um den Hals trägt er einen Pferdeknochen in Form des

aufgehenden Mondes, um uns daran zu erinnern, daß die Erde (sein Herrschaftsbereich) ein weibliches Element ist.

Die Hirschmaske beschwört die Macht der Erneuerung. Das Geweih und sein Wachstum symbolisieren Vermehrung und die Qualität der Erneuerung. Sie sind keine permanenten Körperteile, sondern werden normalerweise zwischen Februar und Ende März abgeworfen, zur Zeit der Frühjahrspflanzung. Ihre Entwicklung erreicht im Juli oder August – im Hochsommer – ihren Höhepunkt. Eine entsprechende Tradition hat sich bis heute in manchen Gegenden Englands erhalten, wo junge Männer in einem Tanz mit Hirschgeweihen die fruchtbaren Kräfte der Natur beschwören.

Am unteren Rand der Karte ist der Stechapfel *(Datura)* dargestellt, der wegen seiner bewußtseinserweiternden Wirkung in schamanischen Kulturen weltweit verwendet wird.

Der König der Scheiben hat keine Probleme mit Geld und materiellen Dingen. Wenn er bei einer Auslegung erscheint, kündigt er in der Regel eine Periode der Stabilität und des stetigen Wachstums in der materiellen Welt an.

Das Schlüsselwort dieser Karte ist **Erdenkraft.**

Königin der Scheiben

Die Königinnen symbolisieren das weibliche Element des Wassers, während die Scheiben dem Element Erde zugeordnet sind, so daß diese Königin in erster Linie mit dem Konzept von »Mutter Erde« verbunden ist. Unter den Hofkarten ist sie die Repräsentantin des Steinbocks und der Qualitäten von Fruchtbarkeit, Befruchtung und Ambition. Sie arbeitet hart, hat ein großes Herz und ist eher instinktiv als intellektuell veranlagt.

Obwohl ihre Talente mehr auf der materiellen Ebene der Natur, im Bereich der fruchtbaren Erde und der praktischen Angelegenheiten liegen, besitzt sie auch einen höheren schöpferischen Ehrgeiz, den sie jedoch nicht ohne Schwierigkeiten realisieren kann. Es hat den Anschein, als ob sie durch ihre natürliche Sympathie für die Erde, ihre Vegetation und ihre geordneten Wachstumszyklen an diese gebunden ist.

Sie mag ein Mensch sein, der zur Drogensucht neigt und dies als einen Weg sieht, seinen Begrenzungen zu entkommen, seinen erdgebundenen Körper zu verlassen und zu fliegen. Als Herrscherin der fruchtbaren Erde ist sie von einer Fülle von Pflanzen umgeben, doch sind dies ausschließlich solche mit natürlichen bewußtseinsverändernden Qualitäten: Peyote, Psilocybin, Fliegenpilz und Stechapfel (*Datura*).

Sie trägt das Zepter des Doppelwürfels – ein Symbol der Erde mit der Bedeutung: »Wie oben, so unten.« Ironischerweise zeigt auch dies ihre Sehnsucht nach höheren Welten. Ihre Scheibe in Form eines Schildes betont ihre beschützende Natur. Sie ist stark, ausdauernd und äußerst fähig; oft hat sie Ziele, die jenseits ihrer Möglichkeiten liegen, doch ist dies Teil ihrer inneren Antriebskraft.

Das Schlüsselwort dieser Karte ist **Fruchtbarkeit.**

Bube der Scheiben

*D*er Bube der Scheiben besitzt die analytischen und mentalen Qualitäten, die mit dem Element Luft in Verbindung gebracht werden, doch erdet er sie – mehr oder weniger erfolgreich – im Erdelement. Er hat eine natürliche Begabung im materiellen Bereich, ist praktisch im Umgang mit allen weltlichen Dingen und schätzt es, innerhalb einer disziplinierten, gut organisierten Umgebung zu arbeiten. Er repräsentiert das astrologische Zeichen des Stiers, und sein höchster Aspekt findet in den Bruderschaften des Sufi-Ordens seinen Ausdruck, bei denen großer Wert auf handwerkliche Tätigkeiten wie Mauern, Töpfern und Teppichweben gelegt wurde. Diese Fähigkeiten galten als rechtmäßige Pfade zum Erreichen eines geistigen Ziels, denn sie boten Gelegenheit zur Kultivierung von Empfindsamkeit, Ausdauer, Geduld, Demut und künstlerischer Vision und hatten gleichzeitig eine soziale Funktion innerhalb der Gesellschaft.

Er trägt das blaue, geflickte Gewand der Sufis. Man kann ihn nicht leicht aus der Ruhe bringen, was auch gut so ist, denn wenn er sich erst einmal aufregt, kann er einen ungeheuren Zorn entwickeln. In jedem Fall hat er eine ungewöhnliche Fähigkeit für alle Arten von Arbeit und darüber hinaus die Gabe von Kraft und Ausdauer. Er geht langsam, aber stetig an seine Aufgaben heran. Auf seinem Kopf trägt er die Hörner des Stiers; um ihn herum sehen wir diverse Werkzeuge und die Resultate seiner Arbeit. Auf seiner Scheibe ist das Heptagramm des Gesetzes der Sieben abgebildet, das sich durch alle Aspekte seiner Welt zieht.

Das Schlüsselwort dieser Karte ist **Arbeit.**

DIE GROSSEN ARKANA

0
Der Narr

Der Narr verkörpert das »Erschaffen von etwas aus nichts«, ein Konzept, das im Mittelpunkt vieler esoterischer Themenkomplexe steht, zum Beispiel bei den Schöpfungsmythen oder wenn es um die Quelle der Kreativität geht, um das Mysterium unbekannter Bewußtseinszustände (wie zum Beispiel vor der Geburt und nach dem Tod), den transzendenten Bereich jenseits der physischen Welt oder die zyklische Natur des Lebens. Die Qualitäten des Narren sind Unschuld, kindliche Neugier, Lachen und Wahnsinn. Wenn unsere Stimmung von der Tiefe des Wahnsinns zur Höhe ekstatischen Glücksgefühls übergeht, erleben wir Momente, in denen wir Gott am nächsten sind.

Obwohl es sich um eine Karte der Großen Arkana handelt, befindet sich der Narr außerhalb und bildet eine Ebene für sich. Seine Stellung innerhalb der Trümpfe ist seit jeher viel diskutiert worden: Gehört er an den Anfang, ans Ende, oder, wie manchmal vorgeschlagen, an die vorletzte Stelle vor der Karte des Universums?

Es gibt einige Verbindungen zwischen dem Narren und dem Universum, die es zu beachten gilt. Der Narr ist dargestellt, wie er einen Schritt über einen Abgrund hinweg in die Luft macht. Er geht unter einem Torbogen hindurch, und unter seinen Füßen sehen wir ein Krokodil. Zusammen bilden sie einen Ring um ihn wie ein Kreis oder eine Null (was auch die Zahl dieser Karte ist). Der Tänzer im Universum befindet sich ebenso innerhalb eines geschlossenen Ringes oder Kreises. Beide Charaktere überschreiten eine Schwelle. Das Universum repräsentiert das Ende einer Reise, die uns von dem uns Bekannten in einen jenseitigen Bereich führt[4]. Der Narr jedoch befindet sich auf dem Weg aus dieser unbekannten Ebene in die uns bekannte Welt. Schöpfungsmythen handeln von physischen Manifestationen, die ihren Ursprung in einem Bereich unbegreiflichen Mysteriums haben. Daher stellen wir den Narren an den Beginn der Reihe, obwohl in Wirklichkeit die Sequenz der Trümpfe zyklisch ist, wie die Form der 0 zeigt.

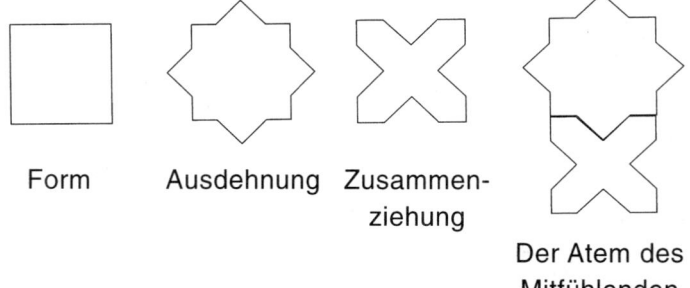

Form   Ausdehnung   Zusammen-
                    ziehung

Der Atem des
Mitfühlenden

Daß der Narr schon immer unabhängig von den anderen Hauptkarten war, ist aus der Tatsache ersichtlich, daß er als einziger Trumpf die Säuberungsaktionen des Mittelalters überlebte, die in den heute gebräuchlichen Spielkarten resultierten, die lediglich aus den Kleinen Arkana und dem Joker (dem Narren) bestehen. Diejenigen, die für die Unterdrückung der Trumpfkarten verantwortlich waren – wahrscheinlich die patriarchalische Kirche –, gestatteten nur dem Narren zu überleben, vielleicht weil sie dachten, daß dessen völlige Unschuld keine Geheimnisse enthielt, die das gute christliche Volk verderben könnten.

Die Erschaffung des Universums ist in vielen Mythen beschrieben worden. Eine der ausdrucksstärksten Metaphern ist die des »ersten Atems«. Der Narr ist die Karte des Atems, des Windes und des Luftelementes. Der erste, unbewußte Akt eines neugeborenen Babys besteht darin, zu atmen. Auf dieser Karte bläst (atmet) der Narr – in der Luft schwebend – in seine Flöte und läßt Sphärenmusik erklingen. Das Muster des Torbogens, durch den er geht, repräsentiert ein philosophisches Konzept der Sufis: »Gott erschuf das Universum durch den Atem des Mitfühlenden. Der göttliche Atem durchzieht das ganze Universum. So wie der Atem ausgestoßen wird und auf diese Weise Silben und Wörter formt, kreiert der Atem des Mitfühlenden durch das Ausatmen von Worten (geistigen Formen) die materiellen Gestalten.«[5]

Der Torbogen wird von den Geistern des Windes gehalten, den Dienern von *Schu,* dem ägyptischen Gott der Luft, der geboren wurde, indem ihn sein Vater, *Atum,* ausspuckte. Auch das Krokodil ist ein gottähnliches Wesen in der alten ägyptischen Mythologie. Horus nahm die Form eines

Krokodils an, als er im Nil nach seinem verschwundenen Vater Osiris suchte. Auch der Narr befindet sich auf einer Suche, um von Unschuld und Reinheit zu Wissen und Weisheit zu finden. Der Narr als Symbol enormer Potenz wird noch verstärkt durch das Krokodil, dessen Fortpflanzung lange geheimnisvoll schien und das als das Lebewesen mit der größten kreativen Energie galt. Von unbekannter Herkunft, kam es wie der Narr plötzlich aus einer unergründlichen Quelle in unsere Welt. Das Krokodil stellt hier keine Bedrohung für den Narren dar, da dessen heiligmäßige Reinheit zerstörerische animalische Instinkte kontrollieren kann.

Sein Sprung über den Abgrund ist vergleichbar mit Zarathustras metaphorischem Abstieg vom Berg in die Welt. Er hat keine Angst vor dem Abgrund. Er ist der *Lung Gom-Pa* oder »Windmann« der Tibeter, der sich mit unglaublicher, übermenschlicher Geschwindigkeit fortbewegen kann. Diese verdankt er gewissen Yoga-Techniken, die den Körper leicht machen. Er ist ein Wesen der Luft, wie sein Federhut andeutet.

Der Narr regiert das Nervensystem und den Bereich der Impulse und des impulsiven Verhaltens. Er ist die Quelle des Unerwarteten, des unbegreifbaren Bereichs des Nagual, und unberechenbar wie der Wind. (Im Englischen heißt der Narr *Fool,* ein Begriff, der sich von dem lateinischen Wort *follis* ableitet, was wörtlich übersetzt »Windbeutel« heißt.)

Bei der Auslegung bringt er ein Element von Risiko und Überraschung ins Spiel, das außerhalb der Kontrolle des Menschen liegt. Der Fragesteller sollte sich vor impulsiven Handlungen hüten und aufmerksam auf unberechenbare

Umgebungen oder Einflüsse reagieren. Diese Karte ist ein Zeichen, daß starke Kräfte am Werk sind, die nicht nur die Möglichkeit dramatischer Veränderungen mit sich bringen, sondern darüber hinaus den intensiven Ausdruck kosmischer Möglichkeiten und das damit einhergehende verwunderte Staunen über den großen Plan des Lebens.

Machen Sie das Risiko zu Ihrem Freund!

I
Der Magier

Obwohl der Narr im allgemeinen als erste Trumpfkarte des Tarots gilt, entspricht er nicht der Nummer Eins. Diese Zahl ist dem Magier zugeordnet. Wie der Narr deutet der Magier den Beginn eines neuen Zyklus von Ereignissen an, doch gibt es klare, wenn auch subtile Unterschiede in der Bedeutung dieser beiden Karten. Der Narr ist der Übergang von der Transzendenz zur Manifestation; der Magier ist die Bewegung hin zur und in die Manifestation. Er initiiert einen Energiefluß in eine bestimmte Richtung, während der Narr die Quelle dieser Energie ist.

Der hier abgebildete Magier steht in einer kristallenen Landschaft. Kristalle wurden von Schamanen bei der Herstellung ihrer Zauberstäbe verwendet, und besonders die Zauberer der tibetischen Bon-Religion waren für den Gebrauch von Kristallen als Kraftobjekte bekannt. Diese Tradition findet in unserem Jahrhundert wieder stärkere Verbreitung, vor allem in der Benutzung von Kristallen im Bereich von Heilung und spiritueller Stärkung.

Der Magier benutzt seinen Willen und seine persönliche Macht in Verbindung mit den Kräften der Natur in seiner Umgebung, um Veränderungen in der materiellen Welt herbeizuführen. Der Heiligenschein und das Zeichen der liegenden Acht über seinem Kopf weisen darauf hin, daß er aus einer Position der Erleuchtung heraus handelt, frei von der Korruption durch seine persönlichen Wünsche. Dies ist ein wichtiger Aspekt bei der Ausübung von Magie. Die liegende Acht ist das Symbol der Unendlichkeit und des unbegrenzten Potentials des bewußten Verstandes. Die Kette des Zauberers ist nicht einfach nur ein Schmuck, sondern sie erinnert ihn immer wieder an den großen »Kreis des Selbst«, die Gesamtheit seines Bewußtseins.

Sein rechter Arm ist erhoben, und der andere zeigt nach unten. Seine Kraft fließt von einer höheren Ebene durch seinen Arm auf die Erde. Das bedeutet, daß er bei der Erledigung praktischer Angelegenheiten große Inspiration an den Tag legen kann. Die Element-Symbole der vier Reihen des Tarot kreisen um ihn. Seine Kontrolle über diese Elemente – den Stab, den Kelch, das Schwert und die Scheibe – macht es möglich, daß seine Botschaft alle Bereiche des irdischen Lebens erreicht: die Vorstellungskraft, das Herz, den Verstand und den Körper. Dieses Konzept kommt außerdem durch das Muster der Schneeflocken am unteren Rand der Karte zum Ausdruck. In der Welt der Schamanen stellt die hexagonale Form der Schneeflocke die vier Richtungen dar (die vier Winde oder vier elementaren Richtungen des Medizinrades), die von der senkrechten Linie untergliedert werden, dem Symbol der Bewegung von der niederen zur höheren Welt, von der Dunkelheit zum Licht. Der Magier kennt alle diese Bereiche und kann frei von einem zum anderen reisen.

Die Karte des Magiers wird von Merkur regiert. In der griechischen Mythologie war Hermes die Entsprechung von Merkur. Er galt als Beschützer der Reisenden, als einfallsreich, listig und glückbringend. Merkur war weniger ein Gott als vielmehr ein Herold oder Bote Gottes, ein Agent des göttlichen Willens. Sein Einfluß wird spürbar, wenn sich in unserem Umfeld Botschaften manifestieren und wir erkennen, wie die Synchronizität des Lebens bestätigt, daß alles, was existiert, in Beziehung zueinander steht und ganzheitlich miteinander verbunden ist. Dieses Netzwerk, das der Schamane das »Netz der Kraft« nennt, berührt jeden Aspekt unseres Lebens, doch meistens sind wir uns dessen nicht bewußt. Der Einfluß des Magiers weckt unser Bewußtsein für dieses Phänomen.

Der Magier hat Visionen, während der Narr ein blinder Irrationalist ist. Seine Sphäre ist die der Kommunikation, der vielfältigen Fertigkeiten und der kreativen Imagination. Er bringt neue, ungeahnte Gelegenheiten, und er sagt uns: Ja, die Reise ist machbar.

II
Die Hohepriesterin

Die Hohepriesterin läßt uns wissen, daß wir es hier mit den tiefsten Aspekten unseres Selbst zu tun haben. Der sie regierende Planet, der Mond, repräsentiert unsere emotionale Welt und unsere innersten Gefühle zu uns selbst.

Die Hohepriesterin ist die reinste Manifestation des weiblichen, intuitiven Bewußtseins und all seiner verschiedenen Aspekte, wie Träume und Erinnerungen, Telepathie und Hellsichtigkeit, die Anima und so weiter.

Sie steht hinter einem Schleier, und nur ein geringer Teil von ihr ist direkt sichtbar, so wie wir auch nur begrenzten Zugang zu unseren Erinnerungen und zur Quelle aller Kreativität haben. Wir verschleiern und sanktionieren das, was uns fasziniert und wovor wir uns fürchten.

Hinter ihr sehen wir ein Kamel, ein Geschöpf, das große Mengen Wasser für lange Reisen speichern kann. Diese Fähigkeit zur Wasserspeicherung entspricht dem Gedanken der Ansammlung von intuitiver Macht im Unterbewußtsein.

Die Hohepriesterin verkörpert vollkommene Erinnerungsfähigkeit, große Vorstellungskraft, übersinnliche Kräfte und geistige Weisheit. Sie ist die geheime Kirche, welche die innere oder verborgene Wahrheit aller Religionen enthält. Sie ist das weibliche Gegenstück zum Hohepriester. Der Hohepriester repräsentiert den manifestierten geistigen Pfad, die Hohepriesterin die innere spirituelle Entwicklung.

Da diese Karte Wasser und Mond repräsentiert, ist sie gleichzeitig die Karte der Wellen und Gezeiten und all dessen, was von Wellen übermittelt wird. Die Wellenformen, die den zu- und abnehmenden Mond verkörpern, verlaufen genau über dem Horizont. Emotionen, Gedanken und Ideen bewegen sich wellenförmig. Hier haben wir die Quelle von telepathischem Wissen und Synchronizität. Hellsichtigkeit wird durch die Kristallkugel symbolisiert, die sich zu Füßen der Hohepriesterin befindet. Sie ähnelt den tibetischen Dakinis, feenähnlichen Göttinnen mit okkulten Kräften, die einen Totenkopf und eine Sichel tragen, vergleichbar den traditionellen europäischen Symbolen Kelch und Schwert, die in der Regel weibliche und männliche Weisheit repräsentieren. Hier hat die Sichel die Form des aufgehendes Mondes und deutet somit auf die Vorherrschaft weiblicher Weisheit hin.

Viele Mythen berichten von der ewigen Jungfrau und ihrer großen Macht. Die bekanntesten dieser mythischen Göttinnen sind Isis und die Jungfrau Maria, die oft miteinander in Verbindung gebracht werden. Die ägyptische Hieroglyphe in den Ecken des Bildes ist der Thron der Isis. Darstellungen von Isis zeigen die Göttin, wie sie Horus an sich drückt, so wie Maria ihren Sohn Jesus hält. Das Bild des Fisches im Bauch ist Jesus in der Jungfrau, Symbol für die jungfräuliche Geburt, Ausgangspunkt der Evolution in Form eines Fischsamens im Unterbewußtsein. Doch ist dieses Bild auch in viel älteren Kulturen zu finden, bis zurück zu den Sumerern, deren Erlösergott Oannes halb Fisch und halb Mann war. Er war der Lehrer aller esoterischen Künste, die zur Erlösung führen. Die allegorischen Verbindungen des Fisches zu Jesus sind allgemein bekannt.

Das Zeichen am unteren Rand der Karte enthält verschiedene Elemente. Es zeigt das Kreuz † sowie die Zeichen für Wasser $\triangledown$ und Erde $\underline{\triangledown}$. Während Jesus erlöst wurde und durch seine Wiederauferstehung »emporgestiegen« ist, ist Maria ($\triangledown$) durch die Erde ($\underline{\triangledown}$) gegangen – zwei weibliche Elemente. Ihre Art der Erlösung war der Weg weiblicher Weisheit; dies wurde bekannt als Mariä Himmelfahrt.

Doch das zentrale Bild ist das des Schleiers. Es gibt eine wichtige Stelle in der Bibel, die sich auf einen Schleier bezieht. Es heißt, daß eine Frau namens Veronika mit einem Schleier Jesu Gesicht abwischte, als er zum Kreuz geführt wurde. Blut und Schweiß hinterließen ein Abbild seines Gesichtes auf dem Tuch. Dieses wurde als »Schweißtuch der Veronika« bekannt. Sie war eine Außenseiterin der Gesellschaft, da sie eine Krankheit hatte, durch die sie sich in einem Zustand ununterbrochener Menstruation befand; das Dogma jener Zeit tabuisierte einen solchen Zustand. Nachdem sich das Bild des Erlösers auf ihrem Schleier manifestiert hatte, war sie von ihrer Krankheit geheilt. Der heilende oder reinigende Aspekt des Schleiers steht auch im

Zusammenhang mit dem Gedanken, daß der Schleier der Hohepriesterin einem unzerstörten Hymen gleicht, was darauf hinweist, daß hinter dem Schleier reines geistiges Wissen liegt, unbeschmutzt von der groben physischen Welt.

Was sagt nun aber die Hohepriesterin, die von so vielen Mythen umgebene jungfräuliche Göttin, dem Fragesteller bei einer Auslegung? Der Schleier sagt uns, daß ein verborgener Einfluß am Werk ist, eine indirekt führende Kraft. Dies ist keine Zeit, über Dinge zu sprechen, die ein Geheimnis bleiben sollten, daher sollte man sich in acht nehmen und sich vor allem vor unüberlegtem Reden hüten. Inneres Suchen wird die größten Offenbarungen und Belohnungen bringen. Dies ist eine gute Zeit zum Meditieren. Hören Sie auf die leise innere Stimme. Die Wellen fordern uns auf, während dieser Zeit des fluktuierenden Wassers von Ebbe und Flut unser Boot auf ruhigem Kurs zu halten. Anstatt die äußere Welt ins Gleichgewicht bringen zu wollen, sollte man sich auf die Stabilisierung der inneren Welt konzentrieren. Achten Sie auf Ihre Träume, und lassen Sie sich von Ihrer Intuition leiten.

III
Die Kaiserin

Während ein Aspekt der Hohepriesterin ihre geheimnisvolle, unbegreifliche Natur ist, muß bei der Herrscherin ihre Empfänglichkeit und Offenheit betont werden. Sie ist die archetypische Erdenmutter.

Normalerweise geht man davon aus, daß die Qualitäten einer Mutter ausschließlich wohlwollend sind, nährend und beschützend, doch hat die Erdenmutter – wie das Große Wasser – auch ihre dunklen Seiten. Demeter trauerte jedes Jahr im Winter drei Monate lang um den Verlust ihrer Tochter Persephone[6]. Sie war nicht in der Lage, Veränderung zu akzeptieren, doch Natur ist Veränderung. Eine Mutter kann ihre Kinder mit ihrer Liebe erdrücken, wenn sie ihnen nicht gestattet, erwachsen zu werden. Die Lektion, die hier gelernt werden muß, ist die der Anpassungsfähigkeit und der Bereitschaft, mit der Natur im Einklang zu stehen. Selbst den härtesten Wintermonaten folgt immer ein Frühling, und die hier sichtbaren grünen Blätter repräsentieren die Herrschaft des Frühlings über den Herbst. Dies sind keine braunen Herbstblätter, sondern die grünen Blätter des ersten Erblühens in der Natur, die wie ein Frühlingsregen herniederfallen.

Schwangerschaft und Geburt sind wohl die wichtigsten Merkmale der Mutterschaft. Da der Frühling seit jeher die Zeit der Empfängnis und Geburt neuer Ideen ist, ist die Herrscherin von Symbolen für Zeugung, Geburt und Vermehrung umgeben. Tauret, die ägyptische Göttin der Geburt, ist als schwangeres Nashorn mit den Hinterbeinen eines Löwen dargestellt. Ihre Hand ruht auf einer Papyrusrolle. Dieser Papyrus wurde später zu der Hieroglyphe, die ihre beschützende Natur symbolisiert.

Zu Füßen der Herrscherin befindet sich eine polynesische Tiki-Statue. Die Maoris glauben, daß die erste Tiki für die Göttin der Geburt gemacht wurde, und zwar von ihrem Vater, um Fruchtbarkeit, gesunde Nachkommen und Glück zu sichern.

Der Kranich und vor allen Dingen die Rückkehr der Kraniche nach den kalten Wintermonaten ist der Inbegriff des Frühlingsanfangs mit seiner zunehmenden Wärme, Fruchtbarkeit und den vielen Paarungsritualen. Der Pelikan ist ein mehr esoterisches Symbol; er füttert seine Jungen mit seinem eigenen Fleisch und repräsentiert somit das selbstlose Geben und die mütterliche Kraft der Herrscherin. Dies weist auch auf eine Beziehung zum Symbolismus des Christentums und der Selbstaufopferung hin. Es ist interessant zu bemerken, daß die Jungfrau Maria die Figur der Hohepriesterin (vor der Geburt Jesu) wie auch die der Herrscherin (nach seiner Geburt) in sich vereinigt. Die Krone, die sie auf dem Kopf trägt, ist das traditionelle Zeichen der Schwängerung und Erfüllung. Es ist ein *Yoni-Yantra*[7] und deutet auch auf das Christuskind in der Jungfrau hin.

Diese Karte wird von Venus regiert. Weibliche Energie und Liebe sind hier das Wichtigste. In den Großen Arkana geht die Kaiserin dem Kaiser voran, was impliziert, daß sie die Männer beherrscht; ihre weibliche, intuitive Macht ist den rationalen Fähigkeiten des Mannes überlegen. Um ihren Hals trägt sie sieben Perlen, die den sie regierenden Planeten repräsentieren, und ihr Stab zeigt das Zeichen der Venus.

Die wahre Kraft dieser Karte sollte jedoch nicht als »luftig« oder übermäßig sinnlich betrachtet werden; vielmehr ist sie stark pragmatisch und realistisch. Auf der spirituellen Ebene herrscht ein Verständnis für die Vollkommenheit der Natur. Dies könnte der Beginn eines erdbezogeneren Lebens sein. Es ist eine Zeit, um sich den praktischen Aspekten des Lebens zuzuwenden und ein Fundament für weiteres Wachstum zu bauen. Die Herrscherin weist auf Hochzeit, Geburt und eine fruchtbare Ernte hin. Sie vereinigt Gegensätze. Sie versteht das Gesetz von Wachstum, Zerstörung und Erneuerung. Das ist der Grund, warum ihre Zahl die Drei ist, die Zahl von Synthese, Harmonie und Anpassung an die natürliche Umgebung.

IV
Der Kaiser

*I*n einem numerologischen System, bei dem die Betonung auf der Zahl Drei, auf Dreifaltigkeit und der Vorstellung der Drei als einer Synthese der vorausgehenden zwei Zahlen liegt, kommt der Vier eine besondere Bedeutung zu. Sie ist eine Zahl des Neubeginns, unabhängig von dem, was vorher war. Der Herrscher hat sich selbst wiedergeboren, dank seiner eigenen Willenskraft. Der Wille ist hier ein wichtiger Faktor. Die Zahl Vier enthält außerdem das Konzept der vierseitigen Bauweise von Gebäuden und Konstruktionen sowie die stabile Struktur von Organisation, Gesetz und Ordnung. Der Herrscher kreiert all dies durch seine Kraft und seinen Willen.

Dies hat er durch die Zerstörung seiner Vergangenheit erreicht, oder genauer gesagt, indem er seine Vergangenheit hinter sich gelassen hat. Er sitzt zwischen zwei Widderköpfen, dem Symbol für das astrologische Zeichen Widder, welches diese Karte regiert. Einer dieser Widderköpfe ist ein Totenschädel und repräsentiert die Vergangenheit des Herrschers. Er dreht seinen Kopf in die Richtung des anderen Widderkopfes, seiner Zukunft. Er stellt sich vor, was er erreichen will, und er richtet seinen Willen auf dieses Ziel, ohne sich ablenken zu lassen.

In seiner rechten Hand hält er ein phallisches Totem seiner männlichen Kraft; in seiner linken den Globus mit dem Kreuz, Symbol der Regentschaft des Willens im Gegensatz zu den Gefühlen. Dieses Objekt ist eine Umkehrung des traditionellen weiblichen Symbols der Venus.

Er muß sich vor Erstarrung und patriarchalischem Dogma hüten, doch ist er kein gewalttätiger Mensch; trotz seiner auf den ersten Blick kriegerischen Erscheinung trägt er keine Waffen. Zu seinen Füßen befindet sich ein Schutzschild.

Sein Totem trägt eine Inschrift, die ein wichtiger Schlüssel zum Verständnis dieser Trumpfkarte ist: ein Dreieck auf einem Kreuz, das drei etwas voneinander abweichende, doch sich ergänzende Interpretationen erlaubt. Erstens ist es das alchemistische Zeichen für Schwefel, eine Kraft der Veränderung[8]. Handlungen werden sofort ausgeführt; sie sind unter Umständen kurzlebig, aber entschieden. Zweitens ist es ein Symbol der Herrschaft des Geistes über die Materie, einem nach oben zeigenden Pentagramm vergleichbar, was anzeigt, daß die materielle Welt vom Geist des Herrschers bestimmt wird. Drittens kann die Inschrift in zwei Teilen interpretiert werden: als Dreieck, das traditionell dem Manipura-Chakra, der Willenskraft und der männlichen Energie entspricht, und als Kreuz in der Form des astrologischen Zeichens für Jupiter, Planet des Wohlwollens und der Selbstlosigkeit. Die Kombination dieser beiden Zeichen △, ⊹ verkörpert Willenskraft, verbunden mit Menschlichkeit, bei der Errichtung von Strukturen. Die Figur des Herrschers selbst spiegelt mehr oder weniger das gleiche Zeichen wider: Seine gekreuzten Beine bilden die Form des Kreuzes, und seine beiden Flügel bilden die Form des Dreiecks über dem Kreuz. Die Flügel sind ein Ausdruck der alchemistischen Überlieferung, die besagt, daß der rote Adler die im Feuer des Willens geschmiedete menschliche Seele repräsentiert.

Der Herrscher sitzt vor einem Vorhang. Noch ist ihm ein Teil des höheren Wissens verborgen, dessen er irgendwann teilhaftig werden wird. Doch hat er solide Strukturen und Stabilität geschaffen und das Fundament für weiteres Wachstum gelegt. Seine Hauptmerkmale sind Autorität, Verantwortungsbewußtsein und Handlungsfähigkeit.

V
Der Hohepriester

Der fünfte Trumpf der Großen Arkana ist der Hohepriester. Er ist der Priester, der Heiler, der heilige Mann in der Gesellschaft. Er ist nicht so sehr ein Papst als vielmehr ein Pontifex, ein Ausdruck, der seine Wurzel in dem lateinischen Wort für »Brücke« hat – er ist ein Brückenbauer. Er baut Brücken von sich zu uns und von ihm selbst zur geistigen Welt, und er errichtet Brücken zwischen verschiedenen spirituellen Pfaden. In dieser Karte sind diverse Kulturen repräsentiert: Islam, Buddhismus, Christentum, Schamanismus und andere.

Bei einer Auslegung liegt die Bedeutung dieser Karte vor allem in Offenheit und der Fähigkeit des Hörens und Zuhörens – Offenheit gegenüber neuen Impulsen und die Integration neuer Informationen, damit ein abgerundetes und ganzheitliches Verständnis und Wissen gewonnen wird. Hören ist ein Kanal für Transzendenz, ob durch Musik, Chanten oder Gesang. Das Saiteninstrument zu seiner Linken ist ein Symbol für die Fähigkeit der Musik, die Grenzen des normalen Bewußtseins, die transzendente Erfahrungen verhindern können, zu durchdringen und aufzulösen.

Zu seiner Rechten stehen Bücher als Zeichen seines Wissens und seiner Fähigkeit, aus abstraktem, intuitivem Wissen kohärente Schriften zu formulieren. Die weiße Federmaske schwebt frei über den Büchern. Sie repräsentiert das Element der Luft oder des Intellekts, das er nach Bedarf zu Hilfe nehmen oder beiseite legen kann, ohne daran gebunden zu sein.

Der Hohepriester ist freundlich und in sich ruhend, mit einem guten Herzen und starkem Geist. Er vermittelt einen Sinn für Traditionen und Geheimnisse. Er könnte in der Figur Ramses II verkörpert sein, dem Erbauer der Großen Pyramide. Die Zahl des Hohepriesters ist die Fünf, und die Pyramide hat fünf Flächen. Eine Fläche ist jeweils unsichtbar – sie symbolisiert das unergründliche Mysterium des Lebens.

Er trägt die Trommel des Schamanen, seine Brücke zu der anderen Welt, doch außerdem das Kruzifix des Christentums. Es ist zu beachten, daß sich das Kreuz nicht im Zentrum, sondern in der Nähe seines Herzens befindet; damit wird betont, daß sein Pfad nicht der der Kirche oder des Dogmas ist, sondern des esoterischen Christentums, das auf Liebe und Intuition beruht.

Sein Stab trägt die Kundalini-Schlange, die sich auf ihrem Weg zur Erleuchtung durch die sieben Chakren windet. Der Hohepriester kennt alle Ebenen und alle Welten.

Auch der Torbogen ist voller Symbole. Die arabische

Handschrift ist alttürkisch und erzählt die Legende von Mevlana, dem berühmten islamischen Mystiker, der in Konya begraben ist. Mevlana gründete die Bruderschaft der mevlevischen Derwische, die vor allem Musik zur Gewinnung höherer geistiger Erfahrungen einsetzten. Die heilige Stadt Konya selbst liegt zu Füßen des Mons Taurus (Stierberges). Das Symbol des Stiers – das astrologische Zeichen des Hohepriesters – ist auf seiner schamanischen Trommel zu sehen und noch einmal indirekt an der Spitze der beiden Säulen, denn das Stier-Symbol ☿ entsteht durch das Verschmelzen zweier Elemente, der Sonne ◯ und des Mondes ◡. Dies bedeutet, daß der Hohepriester auch eine Brücke schlägt zwischen dem Bewußtsein und dem Unterbewußtsein. Das jüdische Hexagramm am unteren Ende der Säulen ist ein zusätzliches Symbol für die Vereinigung dieser beiden Elemente, △ Feuer und ▽ Wasser. Hier enthält der sechszackige Stern das Symbol der Pax cultura und repräsentiert damit die Harmonie von Kunst, Wissenschaft und Religion. Und schließlich ist auf dem höchsten Punkt des Torbogens das I-Ging-Zeichen Pi – »Zusammenhalten« oder »Vereinigung« – abgebildet.

Im mittleren Feld befinden sich zehn Symbole aus der Maya-Kultur, welche die Qualitäten des heiligen Mannes beschreiben. Diese sind: Einheit mit dem Göttlichen, manifestierte göttliche Natur, totale Erleuchtung des Bewußtseins, Feuer ohne Flamme, vollständiger Eintritt in die Materie, erlangte Perfektion, Geborensein aus der Luft, Wissen um das Böse, Geborensein aus dem Wasser und Überwindung des Todes.

Wenn die ungeheure Vielzahl der Symbole auf dieser Karte

beinahe überwältigend erscheint, sollte man nicht vergessen, daß die einzigartige Position des Hohepriesters genau darin besteht, all diese verschiedenen Konzepte und Beschreibungen ein und derselben Realität ins Gleichgewicht zu bringen und zusammenzuhalten. Er steht jenseits jeglicher Zuordnungen, kultureller Präferenzen oder Vorurteile. Er ist einfach offen. Darin besteht seine Bedeutung für uns als Individuen: frei von Vorurteilen und offen zu sein, die Realität einer gegebenen Situation zu fühlen, zuhören zu können, aufnahmebereit zu sein und zu integrieren.

VI
Die Liebenden

*D*iese Trumpfkarte heißt »Die Liebenden«, weil sie mit Botschaften zu tun hat, die aus dem Herzen oder dem Bereich der Intuition kommen. Sie ist eine Karte, die uns dazu auffordert, die Art und Weise, wie wir Entscheidungen treffen, näher zu betrachten. Es geht darum, Entscheidungen für die Zukunft auf der Basis des in der Vergangenheit Gelernten zu treffen.

In alten Kulturen mußte sich ein Schamane oder Priester oft einer rituellen Hochzeit unterziehen – sexuell oder spirituell –, bevor er ein Geweihter werden konnte. Dies ermöglichte es ihm, die weibliche Energie und Intuition zu integrieren, die der Kern des Matriarchats und der Göttinnen-Kultur war. Dieser rituellen Hochzeit wird durch den Tanz der beiden Liebenden bei ihrer alchemistischen Hochzeit Ausdruck gegeben. Da es bei einer Heirat um ein Auswählen geht, wird hier die Bedeutung der Intuition als Basis für Entscheidungen betont. Die Karte der Liebenden ist ein gutes Omen für den Bereich von Hochzeit, Partnerschaften und neuen Unternehmungen oder Abenteuern im allgemeinen. Ein Gefühl für das Hinausgehen in die Welt des Wissens ist spürbar, so wie die ersten Liebenden – Adam und Eva – aus dem Paradies heraustraten.

In den Großen Arkana trägt diese Karte die Zahl Sechs, die Zahl sexueller Vereinigung. Ein sechszackiger Stern wird aus zwei Dreiecken gebildet – männlich △ und weiblich ▽ –, die miteinander verbunden sind. Daher stammt auch das lateinische Wort für sechs: *sex*. Während der sexuellen Vereinigung absorbieren der Mann und die Frau die Energie des jeweils anderen. Liebe ist ein Zustand des Gleichgewichts, bei dem die weiblichen und männlichen Zentren eines Menschen harmonisch miteinander operieren. In diesem Sinne ist Sex tatsächlich »Liebemachen«.

Diese Karte wird vom Sternzeichen der Zwillinge regiert. In Anbetracht der Tatsache, daß es sich hier um Entscheidungen und die Möglichkeit einer Partnerschaft handelt, haben wir es mehr mit dem Zwilling der Geselligkeit als mit dem der Unentschiedenheit zu tun. Ein Pfeil kann nur ein Ziel haben. Der Pfeil des Amor, der auf die beiden Liebenden zielt, repräsentiert pure geistige Intelligenz. Er ist auf das Herz gerichtet, das Zentrum, in dem spirituelle Empfindungen und Gefühle der Liebe aufwallen. In der Mythologie gibt es faszinierende Beispiele von Zwillingen, die Liebende waren. Apollo vereinigte sich mit seiner Schwester Artemis; Isis und Osiris, die Sonne/Mond-Zwillinge, paarten sich im Bauch ihrer Mutter und schufen Horus. Dies deutet darauf hin, daß jetzt Entscheidungen, Beziehungen und Partnerschaften, die auf echten Empfindungen und ehrlichen Gefühlen basieren, gute Früchte tragen werden.

Es gibt eine Parallele zwischen der Darstellung der dunklen Flasche, in der die Liebenden tanzen, und dem von der Schlange umschlungenen Ei. Das alchemistische Gefäß, das einen mystischen Prozeß beinhaltet (die alchemistische Vereinigung von Männlich und Weiblich, von Sonne und Mond), ist auch ein Symbol für das Ei. In einem Ei findet natürlich auch ein mystischer Vorgang statt. Das befruchtete Ei ist das Resultat natürlicher Liebe und Anziehung zwischen den Geschlechtern.

Dieses Gefühl des Gewahrwerdens der eigenen Dualität nennen wir »sich verlieben«. Die Schlange ist ein Symbol für Wissen, am bekanntesten im Zusammenhang mit dem Garten Eden. Dies weist wieder auf den Gedanken, daß die Liebenden das Paradies verlassen und eine Reise beginnen, daß Entscheidungen zu treffen sind, ein neuer Schritt hin zum geistigen Wachstum, und daß es neue Höhen zu erreichen gilt. Aus diesem Grund haben die Liebenden ihre Flügel der Intuition.

Im großen und ganzen repräsentieren die Liebenden unsere Einstellung zu Beziehungen, vor allem zu Liebesbeziehungen, sowie die Art und Weise, wie wir unsere Partner wählen und wie wir im allgemeinen unsere Entscheidungen treffen.

Wenn diese Karte bei einer Auslegung erscheint, kann davon ausgegangen werden, daß eine Entscheidung getroffen werden muß. Das Schwert ist das scharfe Instrument des Sezierens und der Analyse. Doch da »Botschaften, die aus dem Herzen kommen«, für die Liebenden von fundamentaler Bedeutung sind, wird es mit einer rein intellektuellen Analyse nicht getan sein. Die Frage ist: »Was will ich wirklich tief in meinem Inneren?« Je besser wir uns selbst kennen, desto besser werden unsere Entscheidungen ausfallen. Treffen Sie also Ihre Entscheidungen mit Bedacht.

VII
Der Wagen

Von den alten Kulturen der Griechen und Sumerer ist ein Mythos überliefert, der besagt, daß der Sonnengott Helios oder sogar die Sonne selbst mit einem Wagen durch den Himmel fuhr. Jedes Jahr weihten die Bewohner von Rhodos, deren Hauptgott der Sonnengott war, diesem einen Wagen und Pferde und stürzten sie von einem hoch über dem Meer gelegenen Felsen ins Wasser, damit er sich ihrer bedienen könne. Irgendwann wurde der Mythos von Helios von dem des Apollo abgelöst, und die Sonne wurde mythologisch wie auch gesellschaftlich von größerer Wichtigkeit. Der Mond, der bis dahin mindestens den gleichen Status wie die Sonne genossen hatte, mußte nun hinter seinen Sonnenbruder zurücktreten. Denn ursprünglich symbolisierte das rituelle Versenken des Sonnenwagens ins Meer die Unterwerfung dieser feurigen Energie unter die weiblichen Kräfte des Mondes und des Wassers.

Auf den ersten Blick mag es erscheinen, als ob es auf diesem Bild nur ein einziges Pferd gäbe, doch bei näherem Hinsehen erkennt man, daß es zwei sind. Sie repräsentieren die gegensätzlichen Gefühle, die der Wagenlenker zu bewältigen versucht. Sie sind seine Sonnen- und Mond-Aspekte, die er in ein harmonisches Ganzes integrieren muß, wenn er Fortschritte auf seinem Weg machen will. Es sieht so aus, als wäre bisher seine männliche, feurige Energie vorherrschend gewesen.

Eine andere Analogie wäre die, daß der Wagenlenker den Verstand symbolisiert, der Wagen den Körper und die Pferde die Emotionen. Diese Aspekte müssen sich im Gleichgewicht befinden, damit der Mensch sich weiterentwickeln kann. Dies ist ein Hinweis darauf, daß der Fragesteller auf seinen Charakter, seine physische Gesundheit und sein geistiges Wohlbefinden achten sollte. Wenn diese Trumpfkarte bei einer Auslegung erscheint, will sie uns vor den Gefahren jeglichen Ungleichgewichts warnen.

Diese Karte mag eine Zeit relativen Erfolgs einleiten, jedoch mit der Gefahr von Eitelkeit und Stolz, die einen tiefen Fall nach sich ziehen können. Ein ausgeprägter Sinn für Demut ist hier erforderlich, vor allen Dingen im Moment des größten Triumphes. Der Totenkopf auf der Seite des Wagens ermahnt den Lenker, in der Stunde seines Ruhmes an die karmischen Folgen zu denken. Gleich neben dem Totenkopf befindet sich das Zeichen für Krebs, eines der demütigsten und zurückhaltendsten im ganzen Tierkreis. Es bewegt sich vorsichtig voran, nicht abrupt und rücksichtslos.

Und schließlich entspricht das Rad, auf dem der Wagen ruht, dem indischen Rad des Buddha. Dem Lenker muß seine wahre Position innerhalb des großen Ganzen deutlich werden; er benötigt ein Gefühl für Disziplin, Fähigkeiten verbunden mit Verantwortlichkeit und die Erkenntnis, daß sein wackeliger Wagen nicht nur von seiner eigenen Willenskraft vorangetrieben wird, sondern auch vom Schicksal. Die Karte trägt die Zahl Sieben, die am stärksten den Schicksalsgedanken repräsentiert, die unfaßbaren, geheimnisvollen Kräfte des Lebens, die am Werk sind. Es geht darum, sich ihnen freudig zu unterwerfen und auf dem Weg voranzuschreiten.

VIII
Das Verlangen

*D*iese Karte wurde früher »Kraft«, »Stärke« oder »Lust« genannt. Sie hat alle diese Qualitäten, doch paßt das übergeordnete Konzept des Verlangens am besten. Es handelt sich dabei um das Konzept des Verlangens selbst, nicht unbedingt um ausgesprochenes oder unterdrücktes Verlangen, sondern um die subtile Natur der eigenen Beziehung zum Verlangen.

Ein Aspekt dieser Beziehung ist die »Lust am Leben«, Freude, die sich im Verlangen ausdrückt, und die reine Wonne an einem erfüllten und leidenschaftlichen Leben. Der Sufi-Mystiker Rumi sagt dazu: »Wer nichts geschmeckt hat, weiß nichts«, womit er darauf hinweist, daß die ganze Skala der Möglichkeiten erfahren werden muß, bevor ein Mensch sich darüber erheben oder frei davon werden kann.

Frei von Wünschen zu sein ist der andere Aspekt, der hier repräsentiert wird. Alle Aspekte der komplexen Beziehung zum Verlangen finden in dieser Karte ihre symbolische Entsprechung.

Die zentrale Figur ist ein junges Mädchen, basierend auf der Siyama Tara aus der buddhistisch-mongolischen Kultur. Sie ist in der ersten Blüte ihrer Jugend und hat ihre ganze Zukunft noch vor sich. Sie ist eine Quelle erwachenden Verlangens, doch macht sie einen ruhigen Eindruck, weder unterdrückt noch besonders expressiv. Hinter ihr sehen wir drei Buddhas. Der weiße Buddha ist *Vairocana,* der Zerstörer von Ignoranz. Der grüne Buddha ist *Amogasidi,* der Unglück abwendet. Der rote Buddha ist *Amitabha,* Bezwinger der Lust. Für sie ist die Welt der Wünsche nicht länger von Bedeutung.

Auf der Vorderseite des Körpers zeigt das Mädchen die sieben Chakren oder Energiezentren, die zu der vielblättrigen Blume auf ihrem Scheitel, am Sahasrara-Chakra, führen. Die Chakren sind direkt mit Macht, Kraft und Verlangen verbunden. Wenn die Energiezentren eines Menschen gestärkt werden, wächst seine persönliche Kraft, doch wird paradoxerweise auch die Macht seiner Wünsche stärker. Es ist nicht schwer zu erkennen, daß es von Vorteil ist, Selbstkontrolle über die eigenen niedrigen Instinkte auszuüben und seine Energie nicht zu verschleudern.

Der Löwe repräsentiert genau jene animalischen Instinkte, die sich nicht einfach unterdrücken lassen. Daher ist das Zähmen und Kontrollieren dieses Löwen eine subtile und schwierige Aufgabe. Wir beginnen zu verstehen, welch tiefere Bedeutung der Geschichte von Daniel in der Löwengrube zugrunde liegt. Außerdem repräsentiert der Löwe das Sternzeichen gleichen Namens – reine, nach außen gerichtete Sonnenenergie und ungeheure Ausdruckskraft. Die größte dem Menschen bekannte Kraft ist die Sonne, und sie ist der Planet, der das astrologische Zeichen des Löwen regiert.

Eine Pfote des Löwen ruht gelassen auf einem Buch. Dabei handelt es sich um das Buch der Offenbarung, in welchem der Löwe – Repräsentant des Volkes von Judäa – das Recht errang, die sieben Siegel zu brechen und die Heiligen Schriften zu öffnen. Indem er dies tat, wurde der Löwe zum Lamm, und die sieben Siegel sind in Wahrheit die sieben Chakren, die Schlüssel zu den animalischen Instinkten, der höheren Natur und der Zähmung des Löwen.

Es sollte nicht unterschätzt werden, daß es hierbei um die eigene Beziehung zum Verlangen geht. Wieviel Verlangen ausgedrückt oder kontrolliert wird, ist eine Sache des individuellen Bewußtseins, doch ist dabei ein enormes Energiepotential im Spiel. Wenn diese Karte bei einer Auslegung erscheint, ist es notwendig, aufmerksam ihre Position innerhalb der anderen Karten um sie herum zu betrachten, um die richtige Entscheidung treffen zu können.

IV
Der Eremit

Der Eremit personifiziert Umsicht, Loslösung von weltlichen Dingen, Selbsterkenntnis, Unabhängigkeit und Allein-Sein (im Gegensatz zum Einsam-Sein). Er sucht mit Hilfe seines inneren Lichts – hier in Form einer Lampe zu sehen, die er in seiner linken Hand hält –, wobei die linke Seite den intuitiven Aspekt verkörpert.

Seine rechte Hand – die den Verstand repräsentiert – umfaßt eine Schlange, die er unter Kontrolle hält, vielleicht sogar streichelt. Die rechte Hand des Eremiten ist im Zentrum dieses Bildes und betont die Wichtigkeit von Berührung. Diese Karte handelt von unserer Beziehung zum Berühren und Berührtwerden und davon, freiwillig nicht mehr in Berührung mit dem Auf und Ab der Welt zu stehen, um dafür innere Qualitäten entdecken zu können. Vorbilder oder Beispiele für diesen Seinszustand finden wir in Buddhas Philosophie des Nicht-Verhaftet-Seins und in der Isolation Jesu in der Wüste. Die Hand ist das Instrument des Menschen, wie der Mensch das Instrument Gottes ist. Die Hand kann kreieren, zerstören, loslassen oder greifen. Hier greift sie »begreifend«. Indem wir sanfte Kontrolle über die niedrigen Instinkte der schlangengleichen Kundalini-Energie ausüben, erlangen wir Verständnis und Weisheit.

Natürlich wird hier auch auf den Gedanken des Zölibats hingewiesen, doch handelt es sich dabei nicht um ein unterdrückendes Zölibat, sondern vielmehr um eine Umleitung sexueller Energie, die in einem natürlichen Loslassen resultiert. Das Ei, Symbol des Reifens, des Winterschlafs und der Bildung eines neuen Selbst, wird von seinem eigenen Samen befruchtet, was durch den in die Eizelle eindringenden Samenfaden ausgedrückt wird. Die Schlange und das Ei sind Symbole der Weisheit und Unsterblichkeit. Doch Weisheit ist nutzlos ohne Kraft. Daher braucht es einen starken, eigenständigen Energiefluß, der es dieser Kraft ermöglicht, das Bewußtsein zu überfluten, ohne Spannungen hervorzurufen.

Der Kopf des Samenfadens trägt das astrologische Zeichen der Jungfrau, einem Erdzeichen und dem fruchtbarsten Zeichen des gesamten Tierkreises. Der hier am deutlichsten zu sehende Aspekt der Jungfrau ist die Fähigkeit, mentale Ordnung herzustellen und so zum Meister der materiellen Welt zu werden. Ironischerweise kann es jemandem, der den materiellen Bereich gemeistert hat, leichter fallen, sich von den profanen Angelegenheiten der Welt zu lösen.

Neun ist die letzte einfache Zahl vor dem Beginn der Doppelzahlen und symbolisiert Winterschlaf und Rückzug vor einem Neubeginn.

Ein anderer Name für diese Karte ist »Das okkulte Licht«. Die am stärksten zum Ausdruck kommenden Qualitäten sind Weisheit, Loslösung, Geborgenheit, Selbsterkenntnis, Erleuchtung von innen heraus, Unabhängigkeit und geistige Suche.

X
Das Rad des Schicksals

*D*ie Symbole und Konzepte dieser Karte sind komplex und schwer zu erklären, doch die zugrundeliegende Bedeutung dürfte allen klar sein. Sie besagt, daß alles im Leben zyklisch ist, daß alles sich verändert und nichts für immer im gleichen Zustand bleibt. Der Mensch ist ständigen Veränderungen ausgeliefert, obwohl es sich hier nicht um ein Rad des Zufalls handelt – wir sind für unser eigenes Schicksal verantwortlich. Es geht um Lernen, um Reichtum und Armut – nicht im weltlichen, sondern im seelischen Sinne. Die Karte wird von Jupiter regiert, der alle zyklischen Bewegungen beherrscht, selbst die Zirkulation des Blutes in unserem Körper. Jupiter ist wohlwollend und großzügig. Auf lange Sicht werden wir Glück und Erfolg haben; das Schicksal wird uns helfen, indem es uns die notwendigen Erfahrungen für Wachstum und Entwicklung hin zum vollkommenen menschlichen Wesen zuteilt. Das Rad des

Schicksals ist in der Regel ein vielversprechendes, günstiges Omen.

Im Zentrum des Rades ist sowohl das Zeichen für Jupiter zu sehen als auch das immer wachsame Auge. Keines Menschen Schicksal wird übersehen. Doch im Zentrum des Rades scheint es keine Bewegung zu geben, weder oben noch unten; für das beobachtende Auge ist alles gleich. Die zentrifugalen Effekte des Auf und Ab sind menschliche Wahrnehmungen, die von unseren begrenzten, subjektiven Gesichtspunkten von Vergnügen und Schmerz herrühren, während wir um das Rad herumwirbeln. Das Zentrum ist Objektivität, und ein Mensch, der zentriert ist, hat sich von der Beschäftigung mit seinen Aufs und Abs gelöst und zu einer objektiveren Sicht der Dinge gefunden.

Drei Wesen drehen sich um das Rad. Sie entsprechen den drei Kräften, deren Zusammenspiel entsprechend vielen alten Traditionen die unablässige Bewegung des Kosmos verursacht. Die indische Philosophie spricht von den drei *Gunas. Sattva Guna* ist die Bewegung hin zu einem subtilen, reinen Bewußtsein, während *Tama Guna* sich auf das primitive, grobe Bewußtsein und die niedrigen Instinkte hinbewegt (Degeneration). Die dritte Kraft, *Raja Guna,* ist die Energie, welche den Übergang von Sattva zu Tama Guna (und umgekehrt) regiert. Alle Erscheinungsformen unserer Welt sind ein Resultat des Zusammenspiels zwischen diesen drei Kräften. Man kann sie mit »fühlend«, »statisch« und »veränderlich« bezeichnen, und in der Alchemie waren sie als Merkur, Salz und Schwefel bekannt, deren alchemistische Zeichen zwischen den Speichen des Rades zu sehen sind.

Die auf dieser Karte dargestellten Wesenheiten sind die Sphinx, Horus und Typhon. Die Sphinx stellt den Übergang zum Höheren Selbst dar. In der griechischen Mythologie mußte Oedipus auf seiner Reise in die Unterwelt auch an der Sphinx vorbei. Ihr Rätsel enthielt die Aufforderung »Mensch, erkenne dich selbst!«: Selbsterkenntnis ist die letzte Stufe vor dem Eintritt in das reine, erhabene Bewußtsein. Daher repräsentiert die Sphinx die reinste Kraft, die fühlende Sattva Guna.

Die Legende von Typhon (oder Seth) und Horus ist eine Geschichte von zwei im Konflikt befindlichen Göttern. Seth repräsentierte alles, was grob und dunkel war (Tama Guna). Er war ein feuerspeiendes Monster, das nach Belieben seine Form verändern konnte und hier halb als Krokodil und halb als Schlange zu sehen ist, die einen Dreizack schwingt. Horus, der Rächer, war der Bezwinger des Seth (vergleichbar der europäischen Legende vom heiligen Georg, der den Drachen getötet hat). Das bedeutet, daß die Aufgabe oder Funktion der veränderlichen Kraft (Horus/Raja Guna) darin besteht, sich immer wieder auf den Kampf mit der dunklen, statischen Kraft der Unbeweglichkeit und Verrohung einzulassen und sie zu besiegen. Horus hält ununterbrochen Wache; er ist der Beschützer der reinen Sphinx und des Schicksalsrades selbst.

In zwei gegenüberliegenden Ecken des Bildes befindet sich jeweils eine geöffnete Hand. In der Karte des Schicksals mag man vielleicht davon ausgehen, daß sie die Tradition des Handlesens repräsentieren. Doch zusammen formen die beiden Hände die Form des *Varabhaya Mudra,* eine Geste, die oft bei Abbildungen indischer Gottheiten zu sehen ist. In der linken oberen Ecke signalisiert die rechte Hand ihren schützenden Einfluß und ihre positive Heilkraft. In der rechten unteren Ecke nimmt die linke Hand Schmerz und Leid weg. Darin besteht die gesamte Intention des Schicksalsrades. Unsere Position am Rande des Rades verschleiert oft die wahre Natur unserer Probleme, doch sind die drei Gunas unablässig innerhalb und außerhalb von uns tätig, um uns zu lehren und unsere Entwicklung zu sichern. Wenn wir uns zum Mittelpunkt des Rades hin bewegen, befinden wir uns immer mehr in Harmonie mit diesen Kräften und gelangen zu einer objektiveren und ganzheitlicheren Sichtweise.

XI
Das Karma

*T*raditionell trägt diese Karte die Bezeichnung »Gerechtigkeit«. In der westlichen Welt ist Gerechtigkeit ein Konzept, das im Laufe der Jahrhunderte immer weiter erodierte, bis es heutzutage in erster Linie von der Vorstellung legaler Bestrafung oder Vergeltung überlagert ist. Der mittlerweile weltweit bekannte Sanskritbegriff *Karma* ist besser geeignet, um sowohl die breiten Grundlagen als auch die feinen Nuancen der Gedanken auszudrücken, die diese Trumpfkarte erfordert.

In der vorliegenden Abbildung sind zwei unterschiedliche orientalische Traditionen zusammengebracht worden. Dabei handelt es sich um das »Wiegen der Seele« aus der ägyptischen Mythologie und den buddhistischen Gedanken der karmischen Wiedergeburt.

Buddhistisches Gedankengut hat die Idee des Karma folgendermaßen formuliert: Durch den freien Willen motivierte

Taten sind generell entweder moralisch gut oder schlecht. Diese Taten produzieren »Früchte«. Die Tat hinterläßt eine psychische Spur in der Person, die sie vollbringt. Diese Spur führt ihn oder sie in die Richtung, die von dieser Handlung vorgegeben ist. Dies ist das Schicksal. Wenn die Frucht reif ist, fällt sie herab und wirkt sich auf den betreffenden Menschen aus. Die Früchte wichtiger Taten brauchen zu ihrer Reifung mehr als eine Lebensspanne, womit die Notwendigkeit für den fortwährenden Kreislauf von Leben, Tod und Wiedergeburt entsteht.

Das Ägyptische Totenbuch besagt, daß der Verstorbene in die Halle der zwei Wahrheiten geführt wird. Dort wird sein Herz in die Waagschale gelegt und gegen die Feder der Wahrheit – Maat – gewogen. Maat ist auch der Name der Göttin des Gesetzes, der Wahrheit und Gerechtigkeit; also handelt es sich hier um eine Abstraktion, die durch die Figur einer Gottheit personifiziert wurde. Die Göttin Maat sitzt wachsam da und trägt sowohl eine Straußenfeder als auch ein Schwert. Wenn das Herz schwerer ist als die Feder, wird die Seele des Verstorbenen für schuldig befunden und von einem Monster verschlungen, einem hybriden Tier, was im buddhistischen Kontext darauf hinweist, daß eine weitere Inkarnation in die grobe Materie des physischen Lebens erforderlich ist.

Die sitzende Figur, die das Bild dominiert, ist eine der Taras aus der buddhistischen Tradition. Die Natur des Karma impliziert, daß jede Tat eine angemessene Reaktion nach sich zieht. Dies ist die essentielle Qualität des Gleichgewichts. Also wird Tara von ihrem eigenen Spiegelbild reflektiert, ebenso alle Einzelheiten um sie herum. Licht wird zu

Dunkelheit. Die Sonne steht dem Mond gegenüber. Dies alles erklärt den ägyptischen Begriff von der »Halle der zwei Wahrheiten«.

Die Tara schüttet ihren Segen aus und sorgt dafür, daß niemand im übergeordneten Zusammenhang der Dinge übersehen wird. Sie hat zahlreiche, alles sehende Augen, vor allem das Auge der Erleuchtung auf ihrer Stirn und die Augen in ihren Handflächen, Symbole der Gnade, die das kalte Schwert der Loslösung ausgleichen, das von der Göttin Maat geschwungen wird.

Das astrologische Zeichen dieser Karte kann nur die Waage sein. Dies sagt uns, daß hier die Entscheidungen eines ausgeglichenen Verstandes erforderlich sind. Handlungen sollten mit dem größtmöglichen Bewußtsein durchgeführt und Entscheidungen nicht leichtfertig oder vorschnell getroffen werden. Auf einer niedrigeren Ebene mag jemand auch die Lösung oder die Auswirkungen einer Gerichtssache oder eines legalen Disputes erfahren.

Lassen Sie Ihr Denken nicht von einem Gefühl von Ungerechtigkeit verdunkeln und dadurch die Integrität Ihrer Handlungen beeinflussen. Wie Sie zu diesem Zeitpunkt mit den bestehenden Kräften umgehen, ist von großer Bedeutung. Versenken Sie sich in die Energie Ihrer Entscheidungen. Verscheuchen Sie alle negativen Gedanken.

XII
Der Gehängte

Ein altes Sprichwort sagt: »Wenn der Verstand aufgibt, spricht die Stimme der Prophezeiung.« Hier hat der Verstand, der buchstäblich am Ende ist, einen absolut toten Punkt erreicht. Daher ist der Gehängte – auch »das Opfer« genannt – ein Bild der völligen Unterwerfung des Verstandes, des Egos und des Selbst in der Hingabe an eine höhere Sache und der Erkenntnis der eigenen Belanglosigkeit und Zerbrechlichkeit im Angesicht der Wahrheit. Diese schmerzliche Prüfung von Mut und Glauben versetzt den Menschen in einen nahezu mystischen Zustand von Transzendenz.

Ein umgekehrtes Dreieck, von einem Kreuz gekrönt, ist das Symbol des Abstiegs in die Dunkelheit, um sie zu überwinden. Erlösung durch Leiden und der Mythos des gekreuzigten Christus sind die ersten Gedanken, die uns hier einfallen. Es gibt außerdem eine esoterische christliche Dreifaltigkeit, die Jesus mit Johannes dem Täufer und Judas Ischariot vereinigt, den »Dreien in Einem«[9].

Die Initiation durch Taufe ist daran zu erkennen, daß der Gehängte über dem Wasser hängt. Das umgekehrte Dreieck, Symbol des Wassers wie auch dieser Trumpfkarte, zeigt den Gehängten, wie er in das Unterbewußtsein mit all seiner Dunkelheit eingetaucht ist. Doch er selbst ist hell, emotional losgelöst von der Dunkelheit, und er nimmt das Leid an. Die Legende von Judas Ischariot ist hier angedeutet, nicht nur weil Judas sich erhängt hat, sondern auch wegen der Silbermünzen, die aus dem Gewand des Gehängten fallen. Die ins Wasser fallenden Münzen sind ein offensichtliches Symbol für die Loslösung von materiellem Reichtum, die notwendig ist, um diesen Weg höchster Hingabe beschreiten zu können.

Die Beine der gehängten Figur sind auf unnatürliche Weise gekreuzt. Sie bilden eine verschleierte Form der Swastika, das tibetische Zeichen für den Triumph des Geistes. So enthält die offensichtliche Selbstopferung bereits den Samen des Sieges.

Die Figur hängt zwischen einem »toten Baum« (einem Galgen) und einem lebenden, zwischen Vergangenheit und Zukunft. Der Gehängte hat sich von der Vergangenheit gelöst und lebt in der Intensität seiner Hingabe ganz im Augenblick.

Während die Münzen auf die Loslösung von materiellem Reichtum hindeuten, zeigt das Sperma die Notwendigkeit, über die niedrigen Instinkte hinauszuwachsen. Wenn früher Männer gehängt wurden, hat man häufig festgestellt, daß sie im Moment ihres Todes ejakulierten und daß an der Stelle, wo der Samen auf die Erde fiel, manchmal eine Alraunenwurzel wuchs. Die Alraune ist eine stark halluzinogene Pflanze, die von Hexen zum »Fliegen« benutzt wurde. Wegen ihrer menschenähnlichen Form wurde sie aber vor allem auch als Symbol für das Opfer eines jungen Knaben in den Ritualen der Hexen verwendet. Auch der Samen selbst steht dafür.

Wie wir sehen, zieht sich die Idee des Opfers durch alle Bilder dieser Karte. Eine weitere sonderbare Verbindung zwischen dieser Karte und den Hexen ist die im Mittelalter gebräuchliche Praxis, eine Hexe im Wasser unterzutauchen. Ironischerweise wurde sie als unschuldig betrachtet, wenn sie ertrank. Also wird Taufe oder Tod durch Ertrinken als ein reinigendes, erlösendes Ereignis betrachtet.

Über der Figur, an den Galgen genagelt, befindet sich das Zeichen des Osiris, eines anderen geopferten Gottes. Es besteht aus vier horizontalen Balken (den vier Elementen) auf einem vertikalen (ein zum Himmel wachsender Baum).

Der Aspekt des Überwindens und Über-etwas-Hinauswachsens ist entscheidend für das Verständnis dieser Karte. Wenn Menschen mit diesem Bild konfrontiert werden, spüren sie das instinktive Bedürfnis, sie herumzudrehen (um sie in ihren Augen »richtig« hinzulegen). Die darin enthaltene Botschaft besagt, daß trotz aller Schwierigkeiten und Mühen, trotz des Verlustes, Opfers und Leidens (vielleicht durch äußere Umstände erzwungen) ein wichtiger Übergang stattfindet. Der Gehängte befindet sich kurz vor einem großen Erwachen des Geistes, dem er sich hingeben muß.

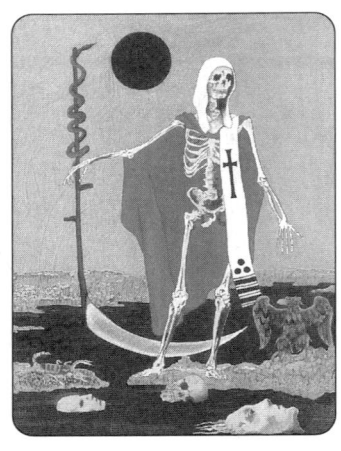

XIII
Der Tod

Den meisten Menschen jagt der Gedanke an den Tod größte Angst ein, obwohl esoterische und religiöse Lehren seit Tausenden von Jahren verkünden, daß der Tod lediglich eine Tür ist, sei es zu einer anderen Welt, einer weiteren Inkarnation oder zum Paradies. Alte Texte aus Indien, das Ägyptische Totenbuch, das Tibetische Totenbuch und andere Schriften vertreten alle das Konzept, daß der physische Tod nicht mehr ist als der Beginn einer Reise, deren Verlauf nicht vollkommen unbekannt ist. Die Angst vor dem Tod – vor dem Unbekannten, das jenseits von ihm liegt – hat ihren Ursprung mehr in gesellschaftlicher Konditionierung und psychologischen Gewohnheiten als in der Wahrheit oder der Realität. In fast allen aufgezeichneten Berichten von Nahtoderlebnissen werden diese als ekstatische, positive, lebensbejahende Ereignisse bezeichnet. Die ungeheure, verwandelnde Erfahrung des Todes, die uns allen bevorsteht, sollte keinen dunklen Schatten über unser Dasein werfen, sondern die Integrität des Lebens betonen und unsere Lebenseinstellung verwandeln und verbessern. Don Juan forderte Castaneda auf, den Tod als einen Freund und Berater zu betrachten, ihn nicht aus seinen Gedanken zu verbannen, sondern ihn dazu zu benutzen, seine Handlungen mit stärkerer persönlicher Kraft und Bedeutung zu erfüllen.

Diese Karte hat mit dem Sterben jener Dinge zu tun, die Sie zurückhalten, mit dem Tod von Gewohnheiten, dem Tod des »alten Selbst« – mit dem Sterben illusorischer oder oberflächlicher Dinge und der Erkenntnis der Unbeständigkeit der »Persönlichkeit«. Die Maske der Persönlichkeit loszulassen ist eine beinahe ebenso tiefe und starke Transformation wie der physische Tod selbst.

Entsprechend der Vorstellung vom Tod als spirituellem Lehrer ist das Skelett mit dem Gewand eines Priesters bekleidet. Er ist verwandt mit dem Hohepriester und ebenso wie er voller Mitgefühl. Die rote Robe steht für das Lebensblut, während das Kreuz darauf hinweist, daß die Auferstehung noch nicht stattgefunden hat, aber unmittelbar bevorsteht. Man wird in die Tiefe geführt, um erhöht werden zu können; man ist leer geworden, um erfüllt werden zu können. Das Kreuz zeigt auch, daß der Tod der natürliche nächste Schritt ist nach der vorangehenden Trumpfkarte des Gehängten.

Die drei schwarzen Kreise auf dem Gewand des Todes symbolisieren die Heilige Dreifaltigkeit, die hier auch in alchemistischer Form als Skorpion, Schlange und Adler dargestellt ist:

- Der Skorpion repräsentiert den physischen Tod, denn es heißt, daß er sich freiwillig das Leben nimmt, wenn er sich bedroht fühlt, wenn er beispielsweise von einem Ring aus Feuer umgeben ist.
- Die Schlange, deren sich windende Bewegung die Wellenbewegungen des Kreislaufs von Leben und Tod widerspiegelt, ist ein Symbol der Transformation, vergleichbar mit der schlangengleichen Energie der Kundalini, die die Umwandlung der Lebenskraft in den verschiedenen Chakren ermöglicht.
- Der Adler repräsentiert den letztendlichen, glorreichen Triumph des Geistes über den Tod der Materie.

Der Skorpion, von fundamentaler Bedeutung für diese Dreifaltigkeit, ist auch das astrologische Zeichen, welches diese Karte regiert. Dabei handelt es sich um ein komplexes Zeichen mit stark sexuellen Implikationen. Skorpion herrscht über die Geschlechtsorgane, und der sexuelle Akt ist ebenfalls eine Art Todeserfahrung; ein Mensch verliert in der Verschmelzung mit einem anderen Menschen sein individuelles »Ich-Gefühl«. Während die vorangegangene Karte, der Gehängte, Ejakulation während des Sterbens zeigte, beinhaltet diese Karte das Konzept des Todes im Moment der Ejakulation.

Die schwarze Sonne ist ein Symbol der Verwesung, ein alchemistischer Begriff, der die Verwirklichung der letzten Stufe des Lebens darstellt. Die schwarze Masse der Sonne beinhaltet die Essenz ihrer goldenen Strahlkraft, die jedoch noch nicht zum Ausdruck gekommen, noch nicht umgewandelt ist.

Die Sense ist in Wirklichkeit die Sichel des abnehmenden Mondes, denn es handelt sich um den Mond der Ernte, und im Tod erntet man die Früchte der Taten, die man im Leben vollbracht hat. Diese Karte trägt die Zahl Dreizehn, wie die dreizehn Monde des Mondjahres. Numerologisch reduziert sich 13 zur 4. Wie wir in der vierten Trumpfkarte gesehen haben, ist Vier die Zahl von Organisation und Struktur. Folglich ist das scheinbare Chaos des Todes in Wahrheit die Natur, welche Ordnung und Struktur in die Welt bringt. Die drei halb untergetauchten Köpfe befinden sich in verschiedenen Stadien dieser systematischen, geordneten Verwesung und Verwandlung.

Bei der Deutung dieser Karte ist es notwendig, die Bedeutung radikaler und manchmal sogar traumatischer Veränderungen hervorzuheben. Selbst positive Veränderungen können ein Schock für das System sein und bedürfen einer Periode der Anpassung. Widerstand gegenüber Veränderungen wird das Trauma höchstwahrscheinlich noch verstärken. Sollten Sie vielleicht an etwas festhalten, das sich nicht lohnt? Eine Idee? Eine Beziehung? Eine materielle Gegebenheit? Bewegung und Veränderung sind grundlegende Elemente bei dieser Karte des Todes, genau wie im Leben. Hier wird der Rat gegeben, unnötige Wünsche aufzugeben und statt dessen nach einem erfüllteren Leben zu trachten.

XIV
Die Zeit

*T*raditionell wird diese Karte »Mäßigkeit« genannt. Sowohl Mäßigkeit als auch Zeit haben etwas mit Messen zu tun. Vorherrschende Themen hier sind die natürliche Präzision und das perfekte Maß der kosmischen Uhr. Ein Embryo im Ei benötigt die magische Wirkung der Zeit – genau neun Monate –, um die Vollkommenheit der Natur auszudrücken. Ebenso verhält es sich mit der Geburt einer Idee, deren Zeit gekommen ist, und mit allen Dingen des Lebens. Die Wahl des richtigen Zeitpunktes ist entscheidend, ist ein essentieller Teil jeder kreativen Handlung.

Die vier Elemente von Sonne (Feuer), Himmel (Luft), Erde und Wasser befinden sich hier im Gleichgewicht. Dies ist die Aufgabe des Alchemisten – die Elemente zu harmonisieren und miteinander zu verbinden, um so göttliche Vollkommenheit zu erreichen. Die alchemistische Idee vom vollkommenen Menschen wurde oft dargestellt durch eine Figur, die den Körper eines Athleten und den Kopf eines Ibis (die Erhöhung des Geistes im Körper) besaß. In der ägyptischen Mythologie wurde Thoth, Herrscher über die Zeit und Bewahrer der *Akasha*-Chronik, Beschützer der Heiler und Herr der Kräuter und der Naturmedizin, mit einem Ibiskopf dargestellt. Die Zeit heilt alles. Thoths Flügel implizieren seine Fähigkeit, zu großen geistigen Höhen aufzusteigen. Er ist das ägyptische Äquivalent zu Hermes.

Während Thoth ein männlicher Gott war, ist dieser besondere Engel der Zeit androgyn, mit einer leichten Betonung des weiblichen Aspektes. Weil die Grundlage des Heilens in der weiblichen Energie liegt, sind die Füße der Figur mit den beiden weiblichen Elementen Erde und Wasser verbunden. Die alchemistischen Flüssigkeiten fließen von Kelch zu Kelch, Symbole der Gebärmutter. Die beiden Kelche repräsentieren die Vergangenheit und die Zukunft; die Gegenwart fließt zwischen den beiden. Man könnte sie auch als die zwei Gefäße einer Sanduhr sehen, wobei die Zeit langsam von einem ins andere fließt.

Die Pyramide repräsentiert die Evolution der Seele durch die Zeit und wurde gewissermaßen als »Zeitschiff« gebaut, das seine Insassen in einen Bereich jenseits des Todes bringt. Auf den kleineren Pyramiden sind zwei Zeichen zu sehen. Eins ist das Kreuz, das sowohl die vier Elemente im Gleichgewicht anzeigt als auch den Schnittpunkt von Raum und Zeit. Das andere ist das astrologische Zeichen des Schützen, der das Empfinden für Zeit, Geschwindigkeit und Bewegung repräsentiert, für die wechselhafte Qualität des Pfeils der Zeit.

Im Leben ist die Zeit ein großes Rätsel, daher ist diese

Karte bei einer Auslegung nicht einfach zu deuten. Es geht darum, auf den richtigen Zeitpunkt zu achten und sich der Vorgänge in der Natur bewußt zu sein, die ihre Zeit brauchen, um voll zum Ausdruck zu kommen. Beachten Sie die Bedeutung der Zeit beim schöpferischen Prozeß. Seien Sie nicht ungeduldig, sondern anpassungsfähig. Die Schlüsselworte hier sind Anpassung, der richtige Zeitpunkt, die richtige Schwingung und Heilung.

XV
Der Teufel

Der Teufel ist ein komplexes Konzept, das häufig mißverstanden wird. Ursprünglich war er der Zwillingsbruder[10] des himmlischen Lichtgottes, und sein (englischer) Name *Devil* steht offensichtlich mit *Deva,* dem Sanskrit-Begriff für Gott, in Verbindung, wie auch mit dem lateinischen *Deus.*

Die patriarchalische Religion gestattete es einigen der alten Gottheiten, ihren himmlischen Status zu behalten, doch viele wurden vertrieben und zu »Dämonen«. Jedoch hatten auch Dämonen ursprünglich eine positive Funktion – nämlich Individuen zu beschützen –, und hier beginnt sich die tatsächliche Bedeutung des Teufels zu entfalten. Er ist völlig mit dem »kleinen Selbst« identifiziert, dem Ego, dem kleinen »Ich«, im Gegensatz zu dem Teil von uns, der sich mit dem großen Ganzen oder den anderen verbunden fühlt. Der Teufel beschützt das kleine »Ich«.

Unvollkommenheit und Krankheit trennen uns und machen uns verschieden voneinander. Das Ego baut sich auf dieser Trennung und Individualität auf; das Ego zu preisen heißt, Unvollkommenheit zu preisen. Da der Teufel der Held des Egos ist, kann er nie erhaben sein und wird als gemein und schlecht betrachtet – er ist der Prinz der Dunkelheit. Alles, was unser »Ich«-Gefühl in Angst versetzt, wird von ihm zu unserem eigenen Schutz in die Dunkelheit unseres Unterbewußtseins verbannt.

Für uns Menschen ist göttliche Macht unbeschreiblich. Die Erfahrung des Orgasmus gibt uns eine kleine Ahnung davon, wie unermeßlich diese Macht ist. Daher spielt die Sexualität eine große Rolle in einer vom Ego regierten Welt. Sie ist ein wesentlicher Aspekt im Bereich von Selbstbefriedigung und persönlichen Bedürfnissen, so wie die Genitalien des Teufels sich genau in der Mitte des Bildes befinden. Der Sexualtrieb ist wie das Ego ein notwendiger Bestandteil des menschlichen Überlebens, doch wenn er sich von dem übergeordneten Bild universellen Lebens löst, können Verrohung und Obsession die Folge sein. Das ist der Grund, warum der Teufel mit seiner phallusähnlichen Fackel bei einer Auslegung nicht gut zu den Liebenden paßt. Obwohl sie vieles gemeinsam haben (die Liebenden sind Karte Nummer sechs und der Teufel fünfzehn [1 + 5 = 6]), kippt der Teufel die Liebesbeziehung in Richtung Fixierung und Erniedrigung. Die Liebenden in diesem Bild sind mit einer Kette aneinandergefesselt. Diese Kette ist ein Ausdruck eines anderen wichtigen Aspektes dieser Karte, dem der Versklavung.

Die eigene innere Dunkelheit und Scham muß konfrontiert werden, sonst wird sie zu einer Kette, einer Begrenzung, die nie überwunden werden kann. Der Teufel kettet uns an die Materie, indem er die Identifikation mit dem materiellen Körper verursacht. Dies geschieht buchstäblich durch »Inkarnation« (Fleischwerdung – das lateinische Wort für Fleisch ist *carne*) oder Geburt, selbst durch die Bildung von Sperma, wobei wir wieder im sexuellen Bereich sind. Doch der menschliche Geist besitzt auch das Mittel, welches uns von den Fesseln befreien kann, und zwar die Fähigkeit, anderen zu dienen, zu beten, Selbstlosigkeit zu üben, zu meditieren und ein großzügiges Herz zu haben. Was uns von anderen Tieren unterscheidet, ist unser Ego, unser Gefühl für das Selbst. Der Teufel jedoch steht in einem Kreis, so als sei er in der Seifenblase seiner eigenen Persönlichkeit gefangen.

Beelzebub wurde von den Kanaanitern der »Herr der Fliegen« genannt. Man glaubte, daß individuelle Seelen zwischen den Inkarnationen die Gestalt von Fliegen annehmen, während sie von einem Körper zum anderen fliegen, und daß die Seele eines ungeborenen Kindes in einer Frau materielle Form annimmt, wenn sie eine Fliege verschluckt.

Im wesentlichen geht es bei dieser Karte um die Schaffung des richtigen Gleichgewichts zwischen Selbstverwirklichung und der Erfüllung persönlicher und individueller Bedürfnisse, wobei man jedoch darauf achten muß, sich nicht zu sehr mit der Maske des Egos zu identifizieren.

XVI
Der Turm

Seit Jahrhunderten haben Menschen Türme und andere hohe Gebäude errichtet, manchmal als Versuch, den Himmel zu berühren, manchmal als Zeichen der Ehrerbietung gegenüber Gott oder als Huldigung für sich selbst und die eigene »Größe«, oder auch für die Nachwelt. Der Turm repräsentiert unsere Illusionen und unsere Hoffnungen auf Größe. Das Tarot-Bild des Turms, der von Blitz und Donnerschlag getroffen wird, sagt uns, daß all unsere Illusionen vernichtet werden müssen, wenn wir auf unserem Weg zur Erkenntnis Fortschritte machen wollen. Alles, was wir aufbauen, verehren und vergöttern, ist nur vorübergehender Natur. Alles wird vergehen; das einzige, was bleibt, ist unser innerstes Wesen. Selbst unser eigener Körper (der auch als Tempel betrachtet wird) verändert sich im Laufe der Zeit vollständig. In dieser Welt der Materie gibt es nichts, was wirklich erhaben ist oder auf das wir uns wirklich verlassen können.

Das Bild auf dieser Karte zeigt Shiva, der einen Blitz gegen den Turm schleudert. Dieser bricht allerdings nicht sofort zusammen. Vielleicht handelt es sich nur um einen Schock für das System oder eine Warnung in bezug auf unser Festhalten an materiellen Illusionen; es muß nicht die Zerstörung von allem bedeuten, was uns kostbar ist.

Shiva ist hier eine Mischung aus Shiva und Rudra. Rudra ist der vedische Gott des Unwetters, und seine Erkennungsmerkmale sind Donner und Blitz. Einige Schriften deuten darauf hin, daß er aus der vorvedischen Zeit stammt, doch irgendwann wurde er völlig mit Shiva identifiziert. Er wurde mehr gefürchtet als angebetet, und in den Upanischaden steht geschrieben, daß Rudra als einziger von der Auflösung der Welt unberührt bleibt. Traditionell ist die Farbe Rudras Rot – die Farbe des Mars, des Planeten der kriegerischen Kräfte und der Feuerenergie, der diese Karte regiert.

Shiva ist neben Brahma und Vishnu die dritte Gottheit der indischen Dreifaltigkeit. Seine Funktion besteht in dem notwendigen Akt der Zerstörung dessen, was degeneriert ist; dem zerstörerischen Akt, der den Weg freimacht, damit ein neuer kreativer Prozeß beginnen kann. Es heißt, daß das Ende der Welt gekommen ist, wenn Shiva sein drittes Auge öffnet, welches sich senkrecht auf seiner Stirn befindet.

Der Impuls, phallusähnliche Türme in den Himmel zu bauen, wird als Ausdruck einer typisch männlichen Kombination von Ehrgeiz und Materialismus verstanden. Dies wird auch von dem ebenso männlichen Symbol der Schlange ausgedrückt. Entsprechend der mythologischen Überlieferung zähmte Shiva eine giftige Schlange, die ihm von Ketzern geschickt worden war, um ihn zu töten. Die Welt der animalischen und sinnlichen Wünsche wurde dadurch neutralisiert und der rohe männliche Impuls überwunden. Die freigelassene Taube in dem Relief an der Spitze des Turmes zeigt, wie wichtig es ist, den weiblichen Impuls an den ihm rechtmäßig zustehenden Platz im übergeordneten Schema des Ganzen zu erheben.

Im Himmel über dem Turm steht ein Text in Sanskrit[11]. Er ist eine Bitte an zornige Gottheiten, wie zum Beispiel Rudra, in ihrem Wüten nachzulassen. Rudra/Shiva ist jedoch allen Besänftigungsversuchen gegenüber gleichgültig, er steht jenseits von Bindung oder Gefühl. Der Blitz schlägt zu, wenn es nötig ist. Illusionen müssen zunichte gemacht werden. Die zaghaften Spuren von Vegetation zu Füßen des Bauwerks weisen darauf hin, daß es sich dabei um einen natürlichen Prozeß handelt und daß alles ein Teil des überall gültigen Musters von Wachstum und Zerstörung ist, dem man sich unterordnen muß.

Es ist wichtig, sich daran zu erinnern, daß man zwar die äußere Welt feiern und sich an ihr erfreuen sollte, daß der wahre Ort jedoch, an dem man Schreine, Tempel und Türme für Gott errichten sollte, im eigenen Inneren liegt.

XVII
Der Stern

Der Stern ist eine Trumpfkarte voller Hoffnung und Inspiration. Er gibt ein Gefühl der Wiederherstellung und Erneuerung nach dem destruktiven Aspekt der vorangegangenen Karte, dem Turm. Die Hoffnung hat ihren Ursprung in der Welt der Emotionen, hier durch eine weibliche Figur verkörpert, die vom Meer umgeben ist.

Sie hält zwei Gefäße in den Händen; mit dem einen schüttet sie Wasser auf sich selbst, mit dem anderen gießt sie es zurück ins Meer. Dies versinnbildlicht den Prozeß der Meditation. Es zeigt ihre Identifikation mit ihrem kleinen Selbst und ihr Verschmelzen mit dem kosmischen Selbst, dem Meer. Sie ist sich ihrer Beziehung zur Menschheit bewußt wie auch ihrer Verbindung mit dem größeren Bewußtsein des Universums.

Ihr astrologisches Zeichen ist der Wassermann. Er ist ein wunderbarer Visionär, der allerdings zuweilen Schwierigkeiten bei der Durchführung seiner Pläne hat – wie man bei anderen Karten sieht, die von diesem Sternzeichen regiert werden, zum Beispiel dem Prinz der Schwerter. Hier jedoch herrscht die positive Seite des Wassermanns vor, der in seiner erhabensten Form voller humanitärer Qualitäten ist und die Fähigkeit des Heilens sowie visionäre Kraft besitzt. Diese visionäre Fähigkeit – im Sinne des Meditierens auf ein höheres Ziel – wird von dem großen bogenförmigen Fenster im Himmel repräsentiert, welches das Ziel selbst einrahmt, den Stern – wie eine Vision der Zukunft, die sich jetzt in erreichbarer Nähe befindet.

Die kleine, perlenähnliche Kugel im linken unteren Teil der Karte, die beinahe in den Wellen verborgen liegt, trägt das astrologische Zeichen des Wassermannes. Sie enthüllt sich wie ein Plan, der Gestalt annimmt, eine Idee, die sich manifestiert, ein Geheimnis, das gelüftet wird.

Vor dem Fenster steht eine Statue der Artemis. Manchmal als Jägerin bekannt (hier bei der Verfolgung ihres Ziels), war Artemis eine kulturelle Weiterentwicklung von Isis, und in Kleinasien war sie als die Sternengöttin bekannt. Sie stand in Verbindung zum Ursa-Major-Haufen, dessen größtes Sternbild der »Große Wagen« oder »Große Bär« ist. Alten matriarchalischen Traditionen zufolge repräsentieren die sieben Sterne des Großen Wagens sieben Hohepriesterinnen, die mit der Göttin verbunden sind, dem Polarstern, dem hellsten Stern in der Mitte unseres nächtlichen Firmaments.

Entsprechend der Legende hat Artemis viele Brüste, die etwas nähren, das in der Zukunft liegt, vielleicht eine Vision. Die Brüste sind auch deutlich sichtbar bei der weiblichen Figur, die Wasser auf ihren Busen schüttet. Ebenso können die

Kelche als Brüste verstanden werden. Und der Bogen des Fensters, das den Stern umschließt, ist ein emblematisches Diagramm einer Brust mit einer Brustwarze.

Bei einer Auslegung ist dies eine sehr positive und segensreiche Karte. Sie strahlt spirituelle Liebe und Gesundheit aus, die beiden Qualitäten der Venus. Der Stern selbst besteht aus zwei siebenzackigen Sternen, einer doppelten Venus. Er drückt Frieden aus, wiederhergestellten Glauben, bevorstehende Freuden und die Erneuerung der Hoffnung.

XVIII
Der Mond

*I*n der Folge der Tarot-Trumpfkarten entspricht der Mond der Zahl Achtzehn. Sie reduziert sich numerologisch zu einer Neun, der Zahl des Eremiten. Bei der Bedeutung dieser beiden Trümpfe gibt es einige Ähnlichkeiten, die zunächst nicht offensichtlich sein mögen. Beide Karten haben mit Einsamkeit zu tun, vielleicht mit Verletzbarkeit und der Notwendigkeit vermehrter persönlicher Kraft, ohne sich auf äußere Hilfe stützen zu können. Bei der Karte des Mondes kann dieser Test der persönlichen Kraft als Glaubenskrise bezeichnet werden. Unvorhersehbare Probleme können auftreten, es herrschen Verwirrung und kontinuierliche Stimmungsschwankungen. Außerdem ist es wichtig, die Verbindung zwischen dem Mond und der Karte der Hohepriesterin zu erkennen. Die Hohepriesterin wird vom Mond regiert; ihre Botschaft lautet, auf die Träume und Informationen aus dem Unterbewußtsein zu hören. Hier hat sich die Situation dahingehend entwickelt, daß man durch diese »Krise« hindurch muß und dabei in Kontakt mit seinen tiefsten intuitiven Gefühlen bleiben sollte.

Der Mond wird vom Sternzeichen der Fische regiert. Chronologisch ist dies das letzte Zeichen des Tierkreises und leitet die letzte Stufe des kalten, dunklen Winters ein. Das Zeichen für die Fische selbst sieht aus wie zwei Monde, die miteinander verbunden sind. Es bestehen hier Schwierigkeiten bei der Bewegung, so wie im tiefen Wasser. Doch weist das auf das bevorstehende Ende der Dunkelheit hin. Die Trümpfe, die dem Mond in der Sequenz folgen, stellen das strahlende Licht der Sonne und das Feuer der Enthüllung dar. Der Mond ist das Tor zum Unterbewußtsein.

Das Tor, das wir hier sehen, besteht aus Amethyst, einem Halbedelstein, der als Talisman gegen Ablenkung oder zu starke Faszination durch äußere Phänomene benutzt wird. Auf jeder Seite des kristallenen Torbogens steht eine Figur. Die eine repräsentiert Angst. Sie ist von Panik erfüllt und versucht, sich vor dem gewaltigen Gestirn des Mondes zu verstecken. Die andere steht für Wahnsinn und ist vom Mond wie verzaubert. Der trichterförmige Hut bezieht sich auf die im Mittelalter weit verbreitete Idee, daß Geisteskrankheiten durch den Scheitelpunkt des Kopfes, die Fontanelle, in den Menschen eintreten und ihn auf die gleiche Weise wieder verlassen. Dies führte zur Praxis der Trepanation (Schädelöffnung durch Anbohren) als Kur für Wahnsinn, die bis ins 20. Jahrhundert hinein angewandt wurde. Der »Trichter als Hut« wurde zu einem archetypischen Symbol für Irrsinn. Angst und Wahnsinn sind die Feinde des Reisenden, der durch das Tor ins Unterbewußtsein eintritt.

Im Vordergrund der Karte schwimmt der Fisch zusammen mit dem Krebs. Dieser ist ein Wesen, das aus dem Wasser herauskommt und auf das Land vordringt, genauso wie machtvolle Bilder aus Träumen oder verborgene Erinnerungen aus der Tiefe in unser Wachbewußtsein dringen.

Im Zentrum all dieser mit dem Mond verbundenen Bilder sitzt die gelassene Gestalt von Anubis, dem Schakalgott. Er ist ein Gefährte der Göttin und die einzige verläßliche Figur auf diesem Bild. Er gibt sich nicht mit Täuschungen ab. Er fordert uns auf, in der Nähe der Göttin zu bleiben, der tiefsten Wurzel unseres Selbst, um uns damit sicher durch diese gefährliche Reise zu navigieren. Im Bereich des Überbewußtseins beschützt und leitet er uns, wenn Schwierigkeiten auftauchen. Im Bereich des Unterbewußtseins schützt er gegen alles Ungesunde. In der grobstofflichen Welt weist er auf Bewegung oder Reisen hin. Anubis reist mit Leichtigkeit über Land, Wasser und durch die Luft. Er ist der beste Führer auch in finsterster Dunkelheit.

Der Skarabäus, dessen Abbildung in der linken oberen Ecke des kristallenen Torbogens zu sehen ist, verkörpert alles, was diese Karte uns sagen will. Entsprechend der ägyptischen Legende legt dieser Käfer seine Eier in einen Ball aus Dünger und läßt diesen achtundzwanzig Tage lang ruhen (einen Mond-Monat). Am neunundzwanzigsten Tag wirft der Käfer seinen Düngerball ins Wasser, wo die Larven ausschlüpfen, sobald sie der Sonnenwärme ausgesetzt sind. Obwohl der Skarabäus bei den Ägyptern als Sonnengottheit verehrt wurde, erzählt er uns in Wahrheit die Geschichte einer Reise durch die Dunkelheit zum Licht. Die Trumpfkarte Mond ist die Essenz dieser Reise mit all ihren Gefahren und

Schwierigkeiten, doch mit dem Erreichen spiritueller Erkenntnis, die das Ziel ist.

Dies ist die Karte des »körperlichen« Wissens, der Träume und Botschaften aus den Tiefen des Schlafes; doch unter Umständen besteht hier die Gefahr des »Einschlafens« während der Reise. Dies ist eine kritische Zeit der Prüfungen, und man muß auf die leise innere Stimme hören, unerschütterlich am Glauben festhalten und die Reise zu Ende bringen.

XIX
Die Sonne

Die Sonne repräsentiert das Erblühen des Selbst und die Regeneration des Geistes. In der vorangegangenen Karte des Mondes spürte das Selbst seine eigene Bedeutungslosigkeit und Kleinheit, was die eine Seite der Wahrheit ist. Doch die Sonne illuminiert das Selbst und enthüllt seinen ihm innewohnenden, ewigen geistigen Wert. So wie Prana, die Lebensenergie, im Kern eines Atoms existiert, so existiert dein wahres Selbst in deinem eigenen Innersten.

Die vier Musikanten, die hier zu sehen sind, befinden sich in Harmonie miteinander, so wie die verschiedenen Teile des Selbst zusammenklingen, um der voll integrierten Persönlichkeit Ausdruck zu verschaffen. Der Meister wird eins mit dem Selbst, wenngleich noch nicht vollständig befreit: Der Torbogen weist auf die physischen Begrenzungen des Fortschritts hin, der dem Menschen möglich ist. Diese Karte entspricht der kollektiven Intelligenz, der Integration aller Persönlichkeitszüge – sogar jener, die in früheren Inkarnationen gelebt wurden. Dies ist eine Karte großen persönlichen Glücks, der Zufriedenheit, Selbsterkenntnis und Selbstverwirklichung.

Weil Ra, der Sonnengott, in einem Boot über das Firmament segelte und dabei regelmäßig aufstieg und niederging, galt er auch als Herrscher über die Zeit. Es wurde gesagt, daß er zu jeder Stunde des Tages die Form eines anderen Tieres annahm. Die Musikanten, die neben dem Torbogen des Ra sitzen, sind die vier Söhne von Horus. Daher sind sie Sonnengötter, die zum Schöpfungsmythos gehören. Außerdem sind sie die Wächter des physischen Körpers, des Tempels des kleinen Selbst. Sie heißen *Ismet,* der Menschenköpfige, *Qebehsenuf,* der Falkenköpfige, *Duamutef,* der Schakalköpfige, und *Hapi,* der Affenköpfige. Tatsächlich sind sie die vier im Gleichgewicht befindlichen Elemente und entsprechen Wasser, Luft, Feuer und Erde. Die musikalische Metapher entspricht der griechischen Kosmologie, die Apollo als Gott der Sonne wie auch als Gott der Musik betrachtet.

Die achtzackigen Sterne an der Spitze der Dreiecke, die den Torbogen des Ra halten, sind das babylonische Symbol für den Sonnengott. So wie die Sonne blenden oder verbrennen kann, kann auch das kleine Selbst oder die Persönlichkeit blendend sein, wenn man ihr zu sehr nachgibt. Doch dies ist nicht der Moment für selbstsüchtige Gedanken. Die Sonne ist eine Karte der Klarheit, des Optimismus und Vertrauens, der Voraussicht und Vision. In gewisser Weise ist sie eine Zelebration des kleinen Selbst am Tor zum kosmischen Bewußtsein. Was noch kommt, ist die Offenbarung, gefolgt vom Tänzer.

XX
Die Offenbarung

*T*raditionell wurde diese Karte »Das Jüngste Gericht« genannt, doch hier heißt sie »Die Offenbarung«, unter anderem, weil sie eine Verbindung herstellt zwischen dem Jüngsten Gericht und dem Buch der Offenbarung. Noch wichtiger jedoch ist die Idee, daß der Mensch sich selbst richtet. Es handelt sich nicht um ein äußeres Urteil durch ein allwissendes, allmächtiges Wesen, sondern um innere Erkenntnis, eine Offenbarung aus dem eigenen Inneren.

Die drei Engel symbolisieren die Kräfte, die den Menschen an den Punkt dieser wichtigen Erkenntnis bringen. Auch hier liegt die Betonung auf den Zahlen Drei und Sieben. Das Gesetz der Dreifaltigkeit zieht sich durch alle Kräfte der Natur in einem ständig sich verändernden Universum (siehe auch das Rad des Schicksals). Das Gesetz der Sieben, das die Kreisläufe der Natur auf allen Ebenen regiert, ist hier ebenfalls präsent, genau wie im Buch der Offenbarung.

Einer der Engel hält eine Sichel in der Hand, die wie ein aufgehender Mond geformt ist, Symbol des Unterbewußtseins; außerdem repräsentiert die Sichel eine Zeit der Ernte. Jetzt muß man zu seinen vergangenen Handlungen und zu den von ihnen in Bewegung gesetzten Reaktionen stehen. Auf der anderen Seite hält ein Engel ein offenes Buch, in dem das ganze Leben des Menschen aufgezeichnet ist. Der mittlere Engel bläst eine Trompete. Der daraus resultierende Ton ist das *Omnkara*, der erste Klang, aus dem die manifestierte Welt entstanden ist. Jetzt wird der Ton die Schallwellen ausgleichen, bis das Gleichgewicht wiederhergestellt ist. Wir beurteilen unser Leben und versuchen, das zu ergänzen, was fehlt, und das abzuwerfen, was überflüssig ist.

Das Gesetz der Sieben ist in dieser Karte deutlich erkennbar. In ihrem Zentrum befindet sich der Regenbogen, der in dem Torbogen über den Engeln reflektiert wird und darauf hinweist, daß dieses Gesetz sowohl oben wie auch unten gilt. Außerdem finden sich sieben siebenzackige Sterne, die zusammen die Zahl Neunundvierzig ergeben, was entsprechend dem Tibetischen Totenbuch die Anzahl der Tage ist, die die Seele eines Verstorbenen im Bardo verbringen muß (einer Art temporärer Geistwelt), wo sie ihr vorheriges Leben abwägt und beurteilt, bevor sie sich aufs neue inkarniert. Der Vorgang der Selbsteinschätzung findet kontinuierlich statt, wenn wir versuchen, zu einer objektiven Sichtweise unserer Entwicklung im Laufe der Herausforderungen zu gelangen, die das Leben uns stellt. Zu manchen Zeiten ist die Beurteilung des eigenen Fortschritts besonders wichtig, und diese Karte leitet solch eine Zeit ein oder warnt uns, daß mehr Selbsterkenntnis erforderlich ist.

Die Offenbarung ist die Trumpfkarte, die das Element des Feuers regiert. Feuer war die Form, in der die Offenbarung zu Moses kam – im brennenden Dornbusch. Im unteren Teil des Bildes sitzt eine Figur, die von den Flammen der Selbstauflösung eingehüllt ist. Wahrscheinlich handelt es sich um einen Mönch, der auf der Höhe seiner inneren geistigen Erkenntnis alle Aspekte seines materiellen Lebens abwirft und in die Reinheit des Geistes – das Nirwana – eingeht. Seine Form erinnert an ein Dreieck, was auch das Zeichen für Feuer ist. Es findet sich in der Form der Flammen wieder und in der Anordnung der Figuren in seiner Umgebung, während sie die Hände gen Himmel strecken. Die Flammen lassen außerdem die Form seiner engelhaften Flügel erahnen.

Da diese Karte das Feuer regiert, gleicht sie den zwölften Trumpf aus, den Gehängten, Herrscher über das Wasser. Beide deuten auf die Darbringung von Opfern für ein höheres Ziel hin. Die Kreuze auf dem Friedhof und das Kreuz auf dem Banner der Engel – in den Farben Rot für Opfer und Weiß für Reinheit – wiederholen das Kreuz des Gehängten. Die Elemente befinden sich im Gleichgewicht, ebenso wie die Trompete des Engels Harmonie wiederherstellt und den letzten Trumpf in der Sequenz des Tarot ankündigt.

Dies mag eine Zeit sein, in der man seine Sichtweise ändert oder eine neue Richtung einschlägt. Es könnte sich auch um die bevorstehende Geburt eines Kindes handeln oder um den Beginn des letzten Abschnitts einer schwierigen Arbeit. Im Vordergrund steht in jedem Fall der Gedanke einer Abwägung oder Einschätzung der Vergangenheit sowie einer Neubeurteilung des eigenen Selbst und seines Weges durch das Leben.

XXI
Das Universum

Diese letzte Trumpfkarte zeigt einen Tänzer – einen wirbelnden Derwisch, der ganz in seinem kosmischen Tanz aufgeht – im Zentrum eines Universums, dessen Himmelskörper sich in ihren vollkommenen Umlaufbahnen drehen. Vollendung ist hier das Schlüsselwort: Diese Karte handelt von der Vollendung eines Vorganges oder dem Erreichen eines Ziels. Der am deutlichsten sichtbare Planet, der den Derwisch umkreist, ist Saturn. Er steht astrologisch nicht nur für die Strukturen, die jemand errichtet, um an seine Ziele zu gelangen, sondern auch für die Begrenzung jeglicher Ambitionen. Hier sind die äußersten Grenzen der Ambition erreicht, der Moment der Vollendung ist gekommen; es herrscht ein Gefühl von Kristallisation, vom Ende der Materie. Der Tanz der wirbelnden Derwische symbolisiert die Bewegung der Planeten um die Sonne, wobei die sieben heiligen Planeten den sieben Chakren entsprechen und dem

Gesetz der Sieben, das seinen Einfluß auf das innere geistige Leben des Derwisches geltend macht. Es handelt sich dabei weder um einen Tanz der Raserei noch um sinnliche Ekstase, sondern vielmehr um ein Fokussieren der Aufmerksamkeit, bis der Tänzer einen Punkt völliger Bewegungslosigkeit und Ruhe im tiefsten Inneren seines Wesens erreicht hat. Sein Weg führt vom Chaos in die Stille. Dies spiegelt in umgekehrter Weise den Weg des Narren wider.[12] Der Narr und das Universum sind wie Zwillinge. Der Narr entspringt aus der Stille und bringt plötzliche und unerwartete Ereignisse mit sich. Der Derwisch, der sich im Zentrum des Universums dreht, kehrt aus der Welt des Chaos an einen Punkt der Stille zurück.

Jetzt befinden sich die Elemente im Gleichgewicht. Sie waren im Sack des Narren als Stab, Kelch, Schwert und Scheibe enthalten. Nun haben sie den ihnen gebührenden Ausdruck in den vier Kardinalzeichen des Tierkreises gefunden und nehmen ihren Platz ein in dem universellen Tableau, das den Derwisch umgibt. Feuer ist in der Form des Löwen zu sehen. Wasser, der Skorpion, ist in seiner am weitesten entwickelten und erhabensten Form dargestellt, als Adler, wie bei der Trumpfkarte XIII beschrieben.[13] Der Wassermann ist menschlich, das Element der Luft, das die Musik der Sphären trägt. Der Narr blies den Atem des Lebens durch eine Flöte, doch die Figur des Wassermanns spielt eine siebensaitige Harfe, die den sieben heiligen Planeten entspricht. Und das Element Erde schließlich wird durch den Stier repräsentiert.

Der Tänzer geht wie der Narr durch einen Torbogen. Dieser hier ist oval, womit er zum einen an die Zahl 0 des Narren erinnert und zum anderen an ein Ei. Die Geburt eines neuen Zyklus steht unmittelbar bevor, so sicher, wie der jetzige Zyklus beendet wird. Die Psyche ist gesund und im Gleichgewicht. Das kosmische Bewußtsein wird durch das Verschmelzen des Selbstbewußtseins mit dem Unterbewußtsein erreicht, auch Yin und Yang genannt, männlich und weiblich. Das ist der Grund, warum die tanzende Figur im Universum zuweilen als Hermaphrodit dargestellt wird. Der Derwisch ist zweifellos männlich, doch hat es eine wichtige Bedeutung, daß er den traditionellen langen Rock der Derwische trägt. Dieses weibliche Gewand sagt uns, daß wir in einer patriarchalischen Gesellschaft unbedingt die weibliche Energie befreien müssen. In den meisten Religionen der Menschheitsgeschichte gibt es diese symbolischen weiblichen Gewänder, angefangen bei den ersten Schamanen, die Frauenkleidung trugen in Anerkennung der geistigen Macht der verlorenen matriarchalischen Kultur, bis hin zu den Erzbischöfen der modernen Zeit mit ihren fließenden Roben. Selbst die betont männliche Welt der Freimaurer besitzt das Symbol der Schürze, die die Geschlechtsorgane bedeckt und sowohl auf die männliche wie die weibliche Sexualität hinweist.

Wenn sich also alle diese Elemente im Gleichgewicht befinden, besteht keine Notwendigkeit für Bewegung, denn Bewegung ist nicht mehr als das kontinuierliche Anpassen und Ordnen der aus dem Gleichgewicht geratenen Elemente. Wo es keine Bewegung gibt, herrscht Stille. Und in dieser Stille dreht sich der Tänzer langsam im Herzen des Universums.

Dies ist eine außerordentlich günstige Karte, wenn sie bei einer Auslegung erscheint. Projekte werden vollendet. Anerkennung und Erfolg sind in Reichweite. Jetzt kann erreicht werden, was man angestrebt hat. Im Moment der Erfüllung sollten die Samen für neue Ziele gelegt werden. Dies ist der Schlüssel zur Überwindung von Einschränkungen und zur Vollendung der Reise, der ein neuer Anfang folgt.

Auslegung und Deutung der Karten

Man mag die perfekte Struktur und intellektuelle Integrität des Tarot bewundern, doch für die meisten Menschen besteht die Hauptfunktion der Tarotkarten in ihrer Eigenschaft als Orakel. Die heutige Welt ist vielleicht zynisch und materialistisch, doch selbst Skeptiker spüren, daß bei der Deutung des Schicksals mit einem Kartendeck eine verborgene Intelligenz am Werk ist – unabhängig davon, wie halbherzig sie an diese »Zukunftsdeutung« herangehen.

Um den scheinbar irrationalen Vorgang zu verstehen, durch den das Tarot Ereignisse in unserem Leben beleuchten und erklären kann, müssen wir den grundsätzlichen Glauben zugrunde legen, daß alles im Leben miteinander verbunden ist. Wenn in Afrika ein Schmetterling sanft mit den Flügeln flattert, kann man in China die Wirkung spüren. Dies mag ein Klischee sein, doch entspricht es der Wahrheit. Die Synchronizität des Netzwerks um uns herum berührt jedes noch so kleine Detail, doch haben wir unsere Fähigkeit verloren, dies zu spüren. Hätten wir ein ausreichend flexibles Werkzeug oder Medium, das diese Informationen an uns weitergeben könnte, so müßte es eines sein, das alle Möglichkeiten und Deutungen in einer wahrhaft dynamischen Form enthält. Das Tarot ist solch ein Medium. Die Karten sind ebenso miteinander verbunden, wie im Universum alles mit allem verbunden ist.

Die Zufälligkeit einer Tarotlesung, das Mischen und Auslegen der Karten wird von der Natur bestimmt und nicht von menschlichen Begrenzungen. Die Natur irrt sich niemals. Die Kombinationsmöglichkeiten dieser ikonenähnlichen Darstellungen aus dem kollektiven Unbewußten der Welt sind beinahe endlos, und sie sind vorzüglich dazu geeignet, nicht »die Zukunft vorherzusagen«, sondern auf die Einflüsse – natürliche wie übernatürliche – hinzuweisen, die zu einem gegebenen Zeitpunkt auf uns wirken. Wir müssen nach wie vor unsere eigenen Entscheidungen in bezug auf unser Schicksal treffen; doch mit Hilfe des Tarot können sie überlegter ausfallen, da es uns ein Fenster zur Welt der unsichtbaren Kräfte öffnet, von denen wir umgeben sind. Wer die Tarotkarten benutzt, wird bald von ihrer Präzision und subtilen Ausdruckskraft betört und verblüfft sein und schließlich ihre Weisheit akzeptieren.

Das Keltische Kreuz

*E*s gibt beim Tarot viele verschiedene Auslege-Methoden, wobei die beliebteste Variante die des Keltischen Kreuzes ist, wahrscheinlich deshalb, weil sie sehr praktisch und gleichzeitig tiefgehend ist, ohne dabei übermäßig kompliziert oder zeitraubend zu sein.

Die Karten sollten gemischt und abgehoben werden. Das Mischen sollte so lange dauern, bis es ein fast unbewußter Akt wird. Das Mischen der Karten vor einer Auslegung ist ein wichtiges Ritual mit einem allegorischen Aspekt. So wie Gott die Welt erschaffen hat, mischt man die Elemente und ordnet das Chaos zu einem neu kreierten Universum.

Nachdem die Karten abgehoben wurden, wird die erste Karte umgedreht und auf die Position 1 des Kreuzes gelegt; sie wird der Signifikator genannt und repräsentiert die Einstellung oder Position des Fragenden, für den die Karten gelegt werden. Es ist auch gestattet, eine Karte vor dem Mischen auszuwählen, die der Natur des Betreffenden am besten entspricht. (Ich persönlich halte das nicht für notwendig, sondern glaube, daß die Natur ganz von selbst die beste Karte findet.) Alle anderen Karten in den Positionen 2 bis 11 sollten in erster Linie in ihrer Beziehung zum Signifikator analysiert werden und danach entsprechend der Beziehung untereinander. Wenn deutlich sichtbare Muster bei der Auslegung auftreten, zum Beispiel mehrere Karten derselben Reihe, die gleiche Zahl oder übereinstimmende ästhetische Einzelheiten, sollte diesen Karten erhöhte Aufmerksamkeit zuteil werden. Wann immer eine Trumpfkarte erscheint, ist deren Deutung besonders wichtig.

Nachdem die zweite Karte aufgedeckt ist, wird sie direkt auf die erste gelegt. Sie zeigt die allgemeine Angelegenheit, um die es geht. Ich bin davon überzeugt, daß das Tarot solche Ereignisse widerspiegelt, die im Leben des Fragenden von größter Bedeutung sind und seinen Geist am meisten beschäftigen. Daher ist es nicht nötig, vor einer Sitzung eine bestimmte Frage zu stellen. Einige Momente der Meditation vor einer Sitzung können jedoch nur von Vorteil sein. Diese zweite Karte zeigt das grundlegende Thema, um das es sich bei dieser Auslegung handelt.

Die dritte Karte wird horizontal auf die ersten beiden gelegt und verdeckt sie. Dies symbolisiert die Blockierung von Energien, und sie sollte als eine Karte der Hindernisse und Schwierigkeiten betrachtet werden, die die Entwicklung der Angelegenheit, wie sie von der zweiten Karte dargestellt wird, behindern. Es ist wichtig zu bemerken, daß diese Blockierungs-Karte nicht unbedingt eine mit negativer Bedeutung sein muß. Es kann sich durchaus um ein positives Bild halten, das in diesem Fall eine Ablenkung darstellt.

Die vierte Karte wird oberhalb der ersten und zweiten plaziert. Sie zeigt uns das Potential, das verwirklicht werden kann, und wie sich die Angelegenheit unter Umständen entwickeln wird – abhängig jedoch von den anderen Karten, der Natur der Hindernisse und den Schritten, die der Fragesteller unternehmen wird. Wenn es sich um eine Trumpfkarte handelt, so übt sie einen überdurchschnittlich starken Einfluß aus und zieht das Thema in ihre Richtung.

Die fünfte Karte wird unter die erste und zweite gelegt. Sie erinnert uns an jene Dinge, die bei der Klärung der Situation nicht übersehen werden dürfen. Gewisse Ereignisse sind aufs engste mit der zur Diskussion stehenden Angelegenheit verbunden und müssen unbedingt beachtet werden.

Die sechste Karte wird rechts vom Signifikator plaziert. Sie stellt diejenigen Einflüsse dar, die sich in der unmittelbaren Vergangenheit bemerkbar gemacht haben, doch gibt es Grund zu der Annahme, daß sie schwächer geworden, wenn nicht sogar schon ganz verschwunden sind.

In ähnlicher Weise zeigt die siebte Karte, die links vom Signifikator plaziert wird, jene Kräfte, die in unmittelbarer Zukunft ins Spiel kommen werden. Die Beziehung zwischen dieser Karte, den Hindernissen und dem Signifikator ist oft von überaus wichtiger Bedeutung in bezug auf den Ausgang der Situation.

Die nächsten Karten werden zu einer senkrechten Säule rechts vom Signifikator ausgelegt. Die achte Karte bildet das Fundament dieser Säule. Sie ist eine bildliche Darstellung der Psyche des Fragestellers und aller inneren Vorgänge in seinem Kopf.

Die neunte Karte wird direkt über die achte gelegt und ist ihr Gegengewicht. Sie beschreibt die äußeren Einflüsse, alles, was sich außerhalb der Psyche des Menschen befindet, wie zum Beispiel das häusliche oder berufliche Umfeld, Familie, Freunde und so weiter. Sie weist darauf hin, wie hilfreich und unterstützend diese Einflüsse sind im Hinblick auf die zur Diskussion stehende Situation.

Die zehnte Karte ist subtil und schwer zu definieren. Sie drückt die tatsächliche Wurzel der Frage aus, die vielleicht unterbewußten oder karmischen Ursprungs ist. Sie beschreibt geheime Ängste oder nicht ausgesprochene Hoffnungen für die Zukunft, und ihre Beziehung zur zweiten Karte sollte nicht übersehen werden.

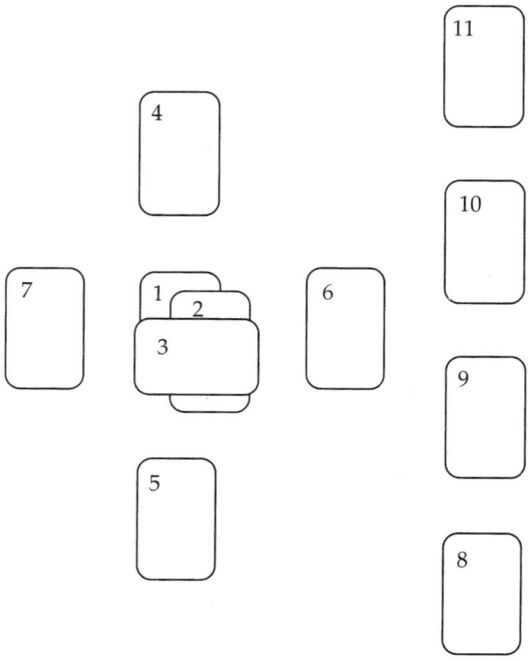

Die letzte, elfte Karte wird über die zehnte an die Spitze der Säule gelegt und weist uns auf das Ergebnis der Angelegenheit hin und wie die anstehenden Fragen geklärt werden können.

Es handelt sich dabei jedoch nicht um ein feststehendes Resultat, das auf uns wartet und dem wir nicht entgehen können. Es liegt an uns, ob wir es erreichen oder verhindern wollen, was immer der Fall sein mag. Außerdem hängt das Resultat auch von den übrigen zehn Karten ab; ihr Einfluß kann auch von der Anwesenheit einer Trumpfkarte abgeschwächt oder verstärkt werden.

Zum Schluß ein Wort zu den Hofkarten und ihrer Bedeutung, da diese Karten berüchtigt sind für die Schwierigkeiten bei ihrer Interpretation.

Fast immer repräsentieren die Hofkarten eine andere Person, die Einfluß auf die in Frage stehende Situation ausübt. Dieser Einfluß mag indirekter Natur sein und demjenigen, der ihn ausübt, völlig unbewußt; es ist sogar möglich, daß der Fragesteller diesen Menschen gar nicht kennt, so indirekt kann der Einfluß sein. Obwohl die Hofkarten entweder männlich oder weiblich sind, sollte das bei ihrer Deutung in bezug darauf, wen sie repräsentieren, keine Rolle spielen. Die Attribute jeder dieser Karten sind eine deutlichere Indikation als ihr Geschlecht.

Sollte die letzte Karte in einer Auslegung eine der Hofkarten sein, dann liegt die Angelegenheit wahrscheinlich in den Händen eines anderen, und es gibt nicht viel, was wir tun können.

Wer dieses Buch ausschließlich als Orakel benutzen möchte, ohne sich allzusehr auf die tiefere Symbolik und philosophische Natur der Bilder einzulassen, findet auf den Karten II bis IX abgekürzte Interpretationen für das gesamte Deck, die einen leichten Zugang zur Bedeutung der einzelnen Karten ermöglichen.

Die Karten und ihre Entsprechungen

Die Großen Arkana

0	Der Narr	Luft
I	Der Magier	Merkur
II	Die Hohepriesterin	Mond
III	Die Kaiserin	Venus
IV	Der Kaiser	Widder
V	Der Hohepriester	Stier
VI	Die Liebenden	Zwillinge
VII	Der Wagen	Krebs
VIII	Das Verlangen	Löwe
IX	Der Eremit	Jungfrau
X	Das Rad des Schicksals	Jupiter
XI	Das Karma	Waage
XII	Der Gehängte	Wasser
XIII	Der Tod	Skorpion
XIV	Die Zeit	Schütze
XV	Der Teufel	Steinbock
XVI	Der Turm	Mars

XVII	Der Stern	Wassermann
XVIII	Der Mond	Fische
XIX	Die Sonne	Sonne
XX	Die Offenbarung	Feuer
XXI	Das Universum	Saturn

Die Kleinen Arkana

As der Stäbe	Die Kraft des Feuers
Zwei der Stäbe	Mars im Widder
Drei der Stäbe	Sonne im Widder
Vier der Stäbe	Venus im Widder
Fünf der Stäbe	Saturn im Löwen
Sechs der Stäbe	Jupiter im Löwen
Sieben der Stäbe	Mars im Löwen
Acht der Stäbe	Merkur im Schützen
Neun der Stäbe	Mond im Schützen
Zehn der Stäbe	Saturn im Schützen

As der Kelche	Die Kraft des Wassers
Zwei der Kelche	Venus im Krebs
Drei der Kelche	Merkur im Krebs
Vier der Kelche	Mond im Krebs
Fünf der Kelche	Mars im Skorpion
Sechs der Kelche	Sonne im Skorpion
Sieben der Kelche	Venus im Skorpion
Acht der Kelche	Saturn in den Fischen
Neun der Kelche	Jupiter in den Fischen
Zehn der Kelche	Mars in den Fischen

As der Schwerter
Zwei der Schwerter
Drei der Schwerter
Vier der Schwerter
Fünf der Schwerter
Sechs der Schwerter
Sieben der Schwerter
Acht der Schwerter
Neun der Schwerter
Zehn der Schwerter

Die Kraft der Luft
Mond in der Waage
Saturn in der Waage
Jupiter in der Waage
Venus im Wassermann
Merkur im Wassermann
Mond im Wassermann
Jupiter in den Zwillingen
Mars in den Zwillingen
Sonne in den Zwillingen

As der Scheiben
Zwei der Scheiben
Drei der Scheiben
Vier der Scheiben
Fünf der Scheiben
Sechs der Scheiben
Sieben der Scheiben
Acht der Scheiben
Neun der Scheiben
Zehn der Scheiben

Die Kraft der Erde
Jupiter im Steinbock
Mars im Steinbock
Sonne im Steinbock
Merkur im Stier
Mond im Stier
Saturn im Stier
Sonne in der Jungfrau
Venus in der Jungfrau
Merkur in der Jungfrau

Die Hofkarten

König der Stäbe
Königin der Stäbe
Bube der Stäbe

Schütze
Widder
Löwe

König der Kelche	Fische
Königin der Kelche	Krebs
Bube der Kelche	Skorpion
König der Schwerter	Zwillinge
Königin der Schwerter	Waage
Bube der Schwerter	Wassermann
König der Scheiben	Jungfrau
Königin der Scheiben	Steinbock
Bube der Scheiben	Stier

Danksagung

*B*eim Schreiben dieses Buches während der letzten vier Jahre habe ich mich durch unzählige Werke gekämpft, die sich nicht nur mit Tarot befassen, sondern auch mit anderen Themen, die damit im Zusammenhang stehen. Obwohl ich mir die größte Mühe gegeben habe, dieses Buch original und einmalig zu gestalten, enthält es verschiedene Ideen, die sich im Laufe jahrelangen Lesens, Reisens, Redens und Zuhörens herauskristallisiert haben, an deren Quellen ich mich jedoch nicht mehr genau erinnere.

Es gibt ein paar besondere Bücher, auf die ich Sie gerne aufmerksam machen möchte. Von den vielen Lehrbüchern über Tarot, die ich studiert habe, stellte sich vor allem das *Qabalistic Tarot* von Robert Wang als unschätzbar wertvolle Quelle für Informationen heraus. Um Wissenswertes über alte Perspektiven der Tarotkarten zu erfahren, benutzte ich hauptsächlich das *Tarot of the Bohemians* von Papus. Studenten des Tarot werden bemerken, daß das vorliegende Buch oft Bezug nimmt auf *The Book of Thoth* von Aleister Crowley (*Das Buch Thoth*. Urania, Sauerlach 1988). Nachdem das neue Kartendeck ungefähr zu zwei Dritteln fertiggestellt war, entdeckte ich Barbara Walkers Werk *The Secrets of the Tarot* (Die Geheimnisse des Tarot. Gondrom, Bindlach 1994) und war sehr überrascht zu sehen, wie sehr ihre und meine Schlußfolgerungen übereinstimmen.

Ein paar andere Bücher hatten einen mehr indirekten Einfluß auf die Karten dieses Decks. Die Information in der Beschreibung des »Narren« im Zusammenhang mit dem »Atem des Mitfühlenden« stammt von Sufi-Äußerungen aus dem Buch *Sufi Expressions of the Mystic Quest* von Laleh Bakhtiar (Lala Bahtiyar, *Sufi: Ausdrucksformen mystischer Suche*. Kösel, München 1987). Entwurf und Inspiration für die »Zehn der Scheiben« stammen von den Zehn Mahavidyas, wie sie in *Tools for Tantra* von Harish Johari (*Wege zum Tantra*. Bauer, Freiburg 1987) beschrieben werden. Darüber hinaus haben die Werke von George Gurdjieff, Carlos Castaneda und J. G. Frazer einen subtilen, doch tiefgreifenden Einfluß auf die Entstehung der vorliegenden Tarotkarten gehabt.

An dieser Stelle möchte ich Dana Finch meinen tiefempfundenen Dank für ihre Hilfe und Unterstützung bei der Vorbereitung des Manuskripts aussprechen sowie Vidura und Karuna Lefeuvre für ihre Hilfe bei der Fertigstellung des Gesamtprojektes.

Maxwell Miller
Mai 1995

Anmerkungen

1 Siehe das Kapitel »Die Struktur des Universal-Tarot«.
2 Enneagramme hat es in der gesamten kulturellen Geschichte der Menschheit gegeben. Dieses absichtlich unvollkommene Enneagramm wurde im 20. Jahrhundert von George Gurdjieff erneut in der westlichen Welt eingeführt.
3 Für eine ausführlichere Erklärung des kabbalistischen Lebensbaumes siehe die »Zehn der Kelche«.
4 Siehe auch »Das Universum«.
5 Aus: *Sufi Expressions of the Mystic Quest* von Laleh Bakhtiar.
6 Persephone war von Hades, dem Gott der Unterwelt, entführt worden. Als Akt der Vergeltung ließ Demeter die Erde vertrocknen. Schließlich wurde mit Hilfe von Hermes ein Kompromiß erreicht, der es Persephone ermöglichte, wieder bei ihrer Mutter zu sein, abgesehen von drei Monaten im Winter, wenn sie in die Unterwelt zurückkehren würde. Während dieser drei Monate lag die Erde brach, und Demeter trauerte. Nach jedem Winter wurde Persephone zu ihrer Mutter zurückgebracht, was den Frühling einleitete und die Wiederherstellung von Leben und Fülle auf der Erde.
7 Siehe auch »Drei der Kelche«.
8 Siehe auch »Das Rad des Schicksals«.
9 Hier wird Judas Ischariot als Heiliger anerkannt. Sein Opfer war das Medium, durch das Christus erst seine Mission erfüllen konnte.
10 Nämlich Seth (Satan), der dunkle Zwilling des Osiris.
11 Die Übersetzung in die lateinische Schriftweise lautet: *Panchvaktraye Vidmahe Mahadevaye Dhi-Mahi Tan No Rudra Prachodayat.*
12 Siehe auch »Der Narr«.
13 Siehe »Der Tod«.

Register

Abendmahl, Letztes 48
Ägypten 10, 87, 172 ff.
Akaska-Chronik 183
Alchemie 9 f., 12, 14,
    17, 47, 58, 100, 149 f.,
    157, 169, 179 f.,
    182 ff.
Alraune 177
Amitabha 163
Amogasidi 163
Amor 156
Anderswelt 37 f., 124
Anima 10, 141
Ankh 27
Anubis 196
Apollo 42, 156, 159,
    199
Artemis 156, 192
Arthur, König 96 f.
Astrologie 9 f., 12, 14,
    17
Astronomie 86 f.
Atem des Mitfühlenden
    134 f.
Atum 135

Bagla Mukhi 121
Bardo 120, 201
Baum des Lebens 9,
    12, 29, 33, 39, 52,
    67 f., 84, 107, 119 f.,
    221
Bastet 91
Beelzebub 187
Bhairavi 121
Bhuvaneshvari 121

Binah 52, 67, 107
Bodhisattva 112
Bon-Religion 138
– Zauberer der 138
Brahma 16, 65, 189
Buch Hiob 57
Buddha 118, 163, 165
Buddhismus 12, 17,
    151, 172 f.

Caducens 22, 27
Castaneda 179
Chakra 16, 22, 24, 152,
    163 f., 180, 203
Chesed 67 f.
Chinnamasta 121
Chokmah 67
Chonyd Bardo 120
Christentum 16, 46,
    113 f., 118, 146, 151 f.

Dakinis 142
Daniel 163
Demeter 145, 221
Derwische 203 ff.
– mevlevische 153
Dhumavati 121 f.
Don Juan 179
Dorjes 31
Dreifaltigkeit, Heilige
    16, 64, 76, 148, 179 f.
Duamutef 199

Ei des Philosophen 86
Einhorn 42
Elemente

– fünf chinesische 84
– vier chinesische 9, 14,
    27, 103, 177, 182 f.
Enneagramm 119, 221
Der Eremit 165 ff. 194
Excalibur 96 f.

Fische 62 f., 65 f., 69 f.,
    195
Florentinisches Tarot
    15
Freimaurer 205

Galahad 74
Gebelin, Court de 11
Geburah 68, 84
Der Gehängte 112,
    175 ff., 179 f., 202
Gehirnhälften 10
Georg, hl. 170
Die Gerechtigkeit 18, 172
Gesetz der Drei 16, 67,
    200
Gesetz der Sieben 16,
    67, 115, 129, 200 f.,
    204
Gral, Heiliger 48 ff., 74
Gralsmythos 44, 49
Gunas 16, 169, 171
Gurdjieff, George I. 16,
    221

Hades 221
Hapi 199
Halle der zwei Wahrheiten 173 f.
Haselrute 43 f.

Heidentum 11
– keltisches 12
Helios 159
Hermes 140, 183
Herzzentrum 49, 80, 156
Hexen 177
Hinduismus 118
Hod 68
Der Hohepriester 151 ff., 179
Die Hohepriesterin 141 ff. 194
Hofkarten
– Deutung 213
– Numerierung 15
Horns 91, 135, 143, 156, 170, 199

I Ging 106, 153
Ida 23
Indianer 76
Indra 32
Isis 142 f., 156, 192
Islam 82, 118, 151
Ismet 199

Jesus Christus 10, 48 f., 112, 114, 143, 146, 166, 175 f., 222
Johannes der Täufer 176
Joseph von Arimathäa 48 f.
Judas 48, 176, 222
Judentum 118
Jungfrau 118, 120, 122 f., 166
Jupiter 31 f., 65, 82, 90 f., 106, 149, 168 f.

Kabbala 9, 12, 17, 56, 67 f.
Der Kaiser 148 ff.

Die Kaiserin 145 ff.
Kapalika 33
Kali 100, 121
Kali Yuga 65
Kamla 121
Das Karma 18, 172 ff.
Keltisches Krenz 209 ff.
Kessel der Wiedergeburt 47
Kether 40, 67
Konfuzianismus 118
Konstantin 113 f.
Konya 153
Die Kraft 18, 162
Krebs 51 f., 54, 71, 160
Kreuzweg 10
Kundalini 22 ff., 152, 166, 180

Lamas 31
Lathis 33
Levi, Eliphas 11
Die Liebenden 11, 155 ff., 186
Löwe 15, 29 ff., 34, 45 f., 163 f.
Lung Gom-Pa 136

Mart 173 f.
Magie 12, 75, 139
Der Magier 138 ff.
Malkuth 68, 120
Mandala 64 f.
Manipura-Chakra 22, 149
Maori 146
Maria, Jungfrau 142 f., 146
Mars 23 f., 34, 56, 66 f., 92 f., 108, 189
Die Mäßigkeit 18, 182
Matangi 121
Maxentius 113
Maya-Kultur 153
Medizinrad 103 f., 139
Menat 50 f.

Merkur 36, 52, 58, 86 f., 111, 122, 140
Mevlana 153
Mithras 39 f.
Mond 37, 54, 78 f., 89, 113, 141 f., 159 f., 181, 194 f.
Der Mond 194 ff.
Mons Taurus 153
Moses 202

Nagual 136
Der Narr 11, 13, 16 f., 46, 133 ff., 204
Netzach 68
Nicht-Verhaftet-Sein 165
Nirwana 202
Numerologie 16 f.

Oannes 143
Oedipus 170
Offenbarung, Buch der 164, 200
Die Offenbarung 18, 200 ff.
Das okkulte Licht 167
Okkultismus 12
Omnkara 201
Orden der Gralsritter 48
Order of the Golden Dawn, The 12
Osiris 27, 136, 156, 177, 222

Papus 11, 219
Parzival 46
Persephone 145, 221 f.
Pi 153
Pingala 24
Planeten, sieben heilige 14, 115, 203 f.
Prana 38, 198

Qebehsenuf 199

Ra 91, 199
Das Rad des Schicksals 11, 168 ff.
Raja Guna 169 f.
Ramses II. 152
Regenmacher-Totem 55
Rudra 189 f.
Rudrashka-Perlen 68
Rumi 162

Sadhu 68
Sahasrara-Chakra 163
Sattva Guna 169 f.
Saturn 23 f., 40, 62 f., 80 f., 116, 203
Schamane 17, 37 f., 60, 92 f., 123 ff., 138 ff., 152, 155, 205
Schamanismus 12, 125, 151
Schu 91, 135
Schütze 15, 36 f., 40 f., 183
Schwirrhölzer 35
Seth 170, 222
Shakta Yantra 121
Shiva 16, 23 f., 65, 189 f.
Shodashi 121
Skarabäus 196
Skorpion 56, 58 ff., 74, 180
Sonne 58 f., 94, 108, 115, 118, 153 f., 164, 198 f.
Die Sonne 198 f.

Sphinx 170
Steinbock 106, 108 f., 126
Der Stern 191 ff.
Stier 111, 113, 116, 128 f., 153
Sufismus 12, 82, 128 f., 135
Sumerer 143, 159
Susumna 24
Swastika 176

Tama Guna 169 f.
Tantra 33, 53
Taoismus 118
Tara 102, 121, 163, 173 f.
Taube 76, 190
Tauret 146
Tefnut 91
Der Teufel 11, 185 ff.
Thoth 183
Tierkreis(-zeichen) 14, 15, 66, 166, 204
Tiki 146
Der Tod 11, 178 ff.
Totenbuch
– Ägyptisches 173, 178
– Tibetanisches 178, 201
Der Turm 188 ff.
Typhon 170

Überbewußtsein 196
Unbewußtes 10
– kollektives 208
Das Universum 11, 134, 203 ff.

Unterbewußtes 10, 37, 59, 153, 176, 186, 194 ff., 205
Upanischaden 189
Ursa-Major-Haufen 192

Vairocana 163
Varabhaya Mudra 170
Venus 28, 49, 51, 60, 85, 120, 147, 149, 193
Das Verlangen 18, 162 ff.
Veronika 143
Visconti-Deck 11
Vishnu 16, 65, 189

Waage 78, 80 ff., 99, 174
Der Wagen 159 ff.
Wassermann 85 ff., 89, 101 f., 191 f.
Weltenbaum 37
Widder 15, 23 ff., 28, 44, 148 f.

Yesod 68
Yin und Yang 205
Yoga 12, 136
Yoni-Yantra 53, 147

Zarathustra (Zoroaster) 39, 118, 136
Zehn Mahavidyas 121
Die Zeit 18, 182 ff.
Zeus 65
Zwillinge 90 ff., 97 f., 156